삶이 내게
말 걸어올 때

BBS 라디오 『황수남의 마음치유상담소』

삶이 내게
말 걸어올 때

황수남 지음

도서출판 **공경원**

삶의 지침서가 되길…

유화선순 柔和善順

부드럽고 화합하고 선善하며 도리를 따르는 것, 이는 곧 자비심을 뜻하며 불자의 기본 마음가짐을 말합니다.

요즈음 하루가 멀다 하고 일어나는 크고 작은 사건, 사고에 몸도 마음도 지쳐갑니다. 이즈음 우리는 어디에 기대어 위로를 받을 수 있을까요?

며칠 전 시골 암자에 다녀왔습니다. 30년을 변함없이 자리를 지키는 은행나무와 금년今年에 유달리 붉은 단풍나무에 가을 정취를 한껏 느낄 수 있었습니다.

도심의 걱정을 말끔히 잊게 하는 하루였습니다.

저 고운 빛깔도 곧 잎을 떨구고 나무는 찬바람을 맞으며 한겨울을 이겨내고 또 새순을 돋우며 봄소식을 전해올 것입니다.

천천히 기다리고 또 기다려주고…

그렇게 자연은 세월을 메우며 우리에게 또 다른 계절을 선물해줍니다. 자연이 그러하듯이 욕심 부리지 않고 조급증 내지 않는 사람들만이 새로운 계절을 오롯이 즐길 수 있을 것입니다.

지금 우리는 너무 빨리 달리고 있지는 않을까요?

아이들에게도 1등, 최고를 강조하며 마치 달리기 선수로 키우고 있지는 않는지… 느림의 미학이란 말도 있는데 조금 여유롭게 천천히 느껴봅시다.

부모의 사랑법이 때론 아이에겐 구속이 될 수도 있다는 사실, 아이의 행복을 핑계로 우리 부모들이 욕심을 내는 일은 없어야 합니다.

충분히 아이의 입장에서 이해하고 소통하는 어른의 몫을 잊지 말아야 합니다.

우리 모두가 추구하는 행복을 위해서는 이 시대의 평안이 보장되어야하고, 그러기 위해서는 미래의 희망인 아이들의 건강한 마인드가 필요합니다.

배려와 공감을 충분히 배워 진정한 삶의 가치를 배우고 스스로 행복을 찾는 지혜를 가르쳐줍시다.

끝으로 이 책의 여러 사례들이 누군가에게는 위로가 되고 누군가에게는 삶의 지침서가 되어 아파하는 현대인에게 해답을 줄 수 있기를 바랍니다.

행복하세요~~~

동국대학교 일반대학원 선학과 책임교수 정도 합장

이제는 당신이 행복해질 차례입니다.

진정한 행복은 언제 어디서나 가능합니다.

그러나 많은 사람들은 자신이 이미 가진 행복을 찾으려는 것보다
는 존재하지도 않는 불행을 없애려고 부단히 노력을 합니다.

가난을 없애야 행복해진다, 병을 없애야 행복해진다, 불행을 없애
야 행복해진다…

부자가 되어야 행복해진다, 건강해야 행복해진다, 성공을 해야 행
복해진다…

이러한 상대적인 행복은 인류가 생긴 이래로 지금까지 계속 추구
해 왔지만 많은 사람들은 당연히 누려야 할 행복 앞에 좌절하고,
행복을 도저히 도달하지 못할 어떤 무엇으로 밀쳐 두고 허탈해 하
거나 때로는 분노합니다.

이는 진정한 행복의 본질을 모르기 때문입니다.

진정한 행복의 본질을 알려면

"내가 무엇을 해야 행복해지냐?"를 묻기 전에 "나는 누구인가?"를

먼저 물어야 합니다.

인간은 이미 무한한 행복 속에 있습니다.
그러나 많은 사람들은 지나간 과거에 대한 회한과 오지도 않은 미래에 대한 두려움으로 행복과 점점 멀어지고, 자신이 만든 불행한 이야기 속에 파묻혀 아파하고 하소연하며 행복하게 해 달라고 합니다. 더 나쁜 것은 다른 사람까지도 아프게 만듭니다.
이는 인간이 이 미 가 진 무 한 한 행 복을 발견하지 못하기 때문입니다.
행복하기 위해 '나는 어떤 사람이 되어야 하는가?'를 묻는 것이 아니라, 나는 누구인가의 실존을 중심에 둔 '너는 누구인가?'를 진지하게 물어야 합니다.

행복은 지금 여기에 있습니다.
행복은 '되어야 하는 어떤 것'이 아니라 '있는 그대로의 근원'입니다.
자신이 '근원으로 존재'하는 순간 '위대한 불성'이 나타나고 무한한 행복이 선물로 주어집니다.
나는 누구인가?… 자신이 부처인 것을 아는 것, 자아발견,
너는 누구인가?… 남이 부처인 것을 알려 주는 것, 자아실현, 이것이 절대의 행복, 무한의 행복을 선물합니다.
모든 인간은 본래 부 처입니다. 이것은 불변의 진실이며 그 외에는 다른 어떤 것도 있을 수 없습니다. 부처에게는 어떤 나쁜 것도 없

고 좋은 것만 있듯이 인간에게도 나쁜 것은 일절 없고 좋은 것뿐이고 행복뿐입니다.

진정한 행복은 언제 어디서나 가능합니다.
이제는 당신이 행복할 차례입니다.
인간은 한 번도 부처가 아닌 적이 없습니다.
당신은 완전합니다. 원만합니다. 무한합니다. 절대입니다.
당신이 바로 행복 자체입니다. 당신이 행복 자체이기 때문에 불행을 느낄 수 있지, 당신의 행복 자체가 아니라면 불행을 느낄 수도 없습니다. 불행이라고 느끼는 것은 '삶의 방향을 행복으로 바꾸세요, 당신이 행복 자체입니다.'라고 알려 주는 신호일 뿐, 행복하고 또 행복한 것이 당신입니다.
이 사실을 인정한다면 당신은 즉각 행복해 집니다. 행복해 질 수밖에 없는 것이 당신입니다.
이 제 는 당 신 이 행 복 해 질 차 례 입 니 다.

이 책은 삶의 나침반과 같은 책입니다.
의사가 몸의 아픔을 호소하는 사람들에게 길을 안내해 주듯이, 이 책이 마음의 아픔을 호소하는 사람들에게 바른 길을 안내해 주어 고민을 스스로 헤쳐 나오게끔 해 줄 것입니다.
누구나 살면서 한번쯤 겪을 수 있는 고민이기 때문에 읽다보면 어느 부분에선가는 자신의 고민이 해결 될 것이고, 진정한 행복이 무엇인지를 알게 되어 기쁨에 차게 될 것입니다.

이 책은 불교의 생활 편으로 삶을 바꾸어 줄 것입니다.
감동을 주는 책은 많습니다. 그러나 삶을 바꿔주는 책은 그리 흔하지 않습니다. 생활이 좋아지지 않는 종교는 가짜입니다. 불교는 진짜이기 때문에 불교의 진리대로 살면 '아! 이렇게 사는 것이 행복이구나!'를 알게 되고, 어두운 인생에서 밝은 인생으로 될 것입니다. 불교의 진리가 인생에 대한 가치관을 변하게 하고 인간으로 태어난 것이 무한 행복이라는 것을 알게 해주어, 실생활을 반드시 좋아지게 할 것입니다.

진정한 행복은 언제 어디서나 가능합니다.
누구나 가능합니다.
이제 당신이 행복할 차례입니다.

'나의 꿈은 당신의 행복입니다.'

2023년 1월 3일 월천 황 수남

Part 1

삶이 내게 말 걸어올 때

삶의 바른길 _ **아들이 속을 썩여요.**

삶에서 자유로워지는 법 _ **직장 상사가 힘들게 해요.**

삶이 내게 말 걸어올 때 _ **부부사이가 힘들어요.**

헤어질 때 필요한 것 _ **딸이 이혼을 하려 해요.**

집착을 없애는 법 _ **이사 가려 해요.**

《삶의 바른길》
아들이 속을 썩여요.

아이는
절대로 문제아가 아니라
완전하고 원만한 부처님으로,
부모의 마음이 일그러진 것을
보여주는 거울입니다.

 아들이 속을 썩여요.

앵커: 세상에 고민이 없는 사람은 없습니다. 오늘 그 고민을 함께
풀어 보는 시간입니다. 작가님이 일찍 스튜디오에 들어오셨네요.
안녕하세요? 작가님!

황수남: 예, 안녕하세요. 마음연구가 황수남입니다. 밝고 편안한 마
음을 준비하기 위해 일찍 들어왔습니다.

앵커: 마음 연구가도 마음을 준비하셔야 되는군요.

황수남: 그럼요. 저도 제 마음이 어디에 있는지 끊임없이 살펴야
합니다.

앵커: 스튜디오에 들어오시면 긴장이 되나요?

황수남: 네, 긴장됩니다. 그렇지만 제가 긴장하고 있다는 것을 알
아차리기 때문에 그 마음은 현재에 머물러 있게 되어, 다른 생각하
지 않고 오로지 방송만 할 수 있게 해줍니다.

앵커: 작가님은 마음 연구가이시기 때문에 긴장을 안 하시는 줄 알

았습니다. 지난주 청취자님께서 보내주신 사연을 먼저 읽어 보고 시작하도록 하겠습니다.

> 27세 아들을 둔 엄마입니다. 아들이 군대 갔다 온 이후로 통 말을 듣지 않습니다. 직장에 들어가면 몇 달을 버티지 못하고 그만둡니다. 어제는 화가 나서 잔소리를 하니 대들더라구요. 이 아이를 어떻게 해야 할까요?

앵커: 고민없는 집은 없습니다. 그중에서 가장 큰 고민이 자식에 대한 고민이 아닌가요?

황수남: 그렇습니다. 자식에 대한 고민을 가장 심각하게 느낍니다. 부부 문제는 해결방법이 자유롭지만, 자식 문제의 해결방법은 제한되어 있습니다. 자식 이기는 부모가 없다는 말처럼, 자식 문제는 마음에 상처를 더 크게 받기 때문에 부모가 백전백패합니다.

부모 말을 귀담아 듣지 않기 때문에 부모는 실망하고 포기합니다. 내가 낳은 자식이지만 거의 난공불락의 요새처럼 보입니다. 부모들은 겉으로는 자식에게 화를 내고 미워하는 것 같지만, 마음속으로는 해바라기처럼 자식만 바라보고 있는데, 자식들은 부모 말을 귓등으로도 안 듣습니다.

자식경영에 실패하는 이유는 자식에게 문제가 있는 것이 아니라 부모가 자식에 대한 기대가 너무 크고, 자신처럼 불행하게 살게 될까 하는 두려움 때문입니다. 부모는 진정한 행복이 무엇인지? 또 그 행복을 얻기 위해서 어떻게 살아야 하는지를 알아야 합니다.

앵커: 자식이 속을 썩이고 있는데 그 이유가 자식에게 문제가 있는 것이 아니라, 부모가 어떻게 살아야 하는지 모르기 때문이라면 좀 색다른 생각입니다.

황수남: 그렇습니다. 우리들은 자식, 부부, 경제 등 겉으로 나타난 문제만 바꾸려고 합니다. 대부분의 사람들은 문제가 없는 것을 문제가 있다고 믿고 '힘든 자식, 속 썩이는 남편, 바닥이라 할 만큼 가난한 상황 속에서도 나는 너희들을 위해 희생을 하고 있어! 아무도 이 환경에서 살 수가 없는데 나는 잘 살아주고 있는 대단한 사람이야!' 하면서 자신이 잘났다고 내보이기까지 합니다. 이거야말로 마음이 거꾸로 되어 미혹에 빠져 속고 있는 것입니다. 이러한 것처럼 자신의 마음이 잘못되어 있는지 모르기 때문에 끊임없이 문제 속에서 허덕이게 됩니다.

그런데 아이는 절대로 문제아가 아니라 완전하고 원만한 부처님으로 부모의 마음이 일그러진 것을 보여주는 거울입니다. 아이가 엄마의 삐뚤어진 마음을 자신의 몸과 마음, 환경에 문제를 만들어내어 고통을 받으면서까지 보여주는데, 엄마는 그것을 알아차리지 못하니까 엄마가 알아차릴 때까지 좋지 않은 행동을 계속하는 것입니다.

오늘은 질문이 나온 김에 살면서 만나는 문제를 즉각 해결하는 삶의 바른길, 바른 도리에 대해 말씀드리겠습니다.

앵커: 삶에는 답이 없다고 하는데, 작가님 말씀은 삶에는 답이 있고 바르게 사는 방법이 있는 것처럼 말씀하십니다. 행복하게 사는 방법이 있는지요?

황수남: 그럼요. 당연히 삶에는 정답이 있고 바른 방법이 있습니다. 인생은 아무도 모른다고 하는데, 이러한 가르침은 삶을 허무주의나 패배주의로 빠지게 하고 함부로 살게 만듭니다. 행복하게 살 수 있는 삶의 바른길이 있습니다. 이를 모르니 사람들이 불행에 빠지게 되고 불안 공포에 시달리게 됩니다. 인생은 간단하고 명쾌합니다. 행복하고 풍요롭게 살기는 아주 쉽습니다. 남녀노소, 유식, 무식, 시공을 떠나 언제 어디서나 적용 가능하고 효과는 즉시 나타납니다. 지금 이 방송 듣고 따라 하시면 지금 직면한 문제에서 바로 해결되고 행복해집니다.

앵커: 오늘 문자를 정말 많이 보내주시네요. 0899님이 '행복하고 풍요롭게 살기가 아주 쉽다는 말씀이 제게 큰 희망을 줍니다. 마음 치유 상담소, 사랑합니다.'라고 보내 주셨습니다. 자, 행복으로 가는 길입니다. 실제로 문제가 쉽게 해결되고 바로 행복해질까 하며 의구심을 갖는 분들이 있을 것 같은데 좀 과장된 것이 아닌가요?

황수남: 아닙니다. 이는 증명된 방법입니다. 세상을 상대적相對的으로 보니까 답이 없는 것처럼 보이고 과장된 것처럼 보이지만, 우리들은 절대絶代의 세계 다시 말해 대對를 절絶한 세계, 상대가 없는 천상천하 유아독존의 세계에 살고 있습니다. 그러니 우리들은 좋은 것뿐인 삶, 선 일원善一元의 삶, 행복만 있는 삶을 살 수밖에 없습니다.

이는 제가 만든 방법이 아니고 수천 년 전에 부처님이 증명해 주신 방법입니다. 부처님이 일러주신 이 좋은 방법을 삶에 적용하면 모든 문제가 해결되고 삶이 좋아지는데, 그 방법을 몰랐을 뿐입니다. 우리는 부처님께서 가르쳐주신 방법은 알려고도 하지 않고, 부처님을 불단 위에 올려놓고 숭배만하고 있습니다. 부처님은 한 번도 죄, 악, 불행이 존재한다고 말씀하시지 않고 오로지 좋은 것뿐이다. 지금 여기가 불국토다. 무한 장엄하다. 금강불괴다. 행복만 있다고 하셨습니다. 그런데 후대 종교지도자들이 눈에 보이는 상대적인 세상이 진짜라고 잘못 이해하고 또 그것을 왜곡해서 전파했습니다. 그래서 모든 인류가 삶에는 병, 가난, 불행을 비롯한 죄악과 번뇌가 있다고 여겨 고통의 수레바퀴 속에서 삶을 살아갑니다.

그렇지만 절대로 그렇지 않습니다. 우리에게는 건강, 지혜, 조화, 행복, 자비와 부富 등이 무한하게 있습니다. 그런데 부처님이 말씀하시는 절대의 세계를 믿지 못하니, 항상 변하는 현상세계現象世界, 허상의 세계, 가짜의 세계가 실제로 존재한다고 믿게 되었고, 가짜의 세계를 진짜라고 증명하려고 하니 쓸데없는 지식만 늘어나게 되었습니다. 그래서 세상사는 원리를 파악하고 삶에 그 원리를 적용하려는 지혜와는 점점 더 멀어지게 되어, 세상에 온통 불행이 가득 차게 되고 거짓이 진실인 양 판을 치게 되었습니다.

사람들은 아예 존재하지도 않는 죄, 악, 불행이 존재한다고 확신을 하고, 없는 죄, 악, 불행을 싸워 이겨야 한다며 방법을 새로 만들고 있고 부처님의 말씀이 왜 그런지 따지며 부처님 가르침을 믿지도 않습니다. 종교지도자들이 그러하니 일반인들은 더더욱 죄, 악, 불행에서 벗어날 수가 없습니다.

예를 들어보면 차는 키만 돌리면 시동이 걸려 운전할 수 있는데, 차가 왜 움직이는지, 제동장치, 조향장치가 어떻게 작동되는지 등을 알려고 하고, 심지어 자동차를 새로 만들려고까지 합니다. 왜 차가 시동이 걸리는지 또 차를 어떻게 만드는지 고민하지 말고, 키만 돌려 시동을 걸고 마음껏 사용하기만 하면 됩니다. 이를 턴키 시스템turn key system이라 하는데 차는 키를 한번 돌리는 것만으로 모든 것이 작동되듯이, 우리가 사는 세상 역시 같은 원리입니다.

앵커: 네, 맞습니다. 키를 한번 돌리고 차를 타고 달리기만 하면 되는 것이지요.

황수남: 이 세상은 완전한 턴키 시스템입니다. 부처님께서 세상사는 원리를 발견하셔서 '그대들은 이렇게 살면 모두가 이미 행복한 것을 알게 된단다.' 하시며 우리에게 가져다 쓰기만 하라고 하는데…

이제 행복한 삶을 쉽게 만들어 가는 인생 턴키 시스템에 대해 말씀드리겠습니다.

앵커: 부처님께서 바른 길을 만들었기 때문에 우리들이 성인이라고 하는 것이지요.

황수남: 앵커님 말씀이 맞습니다. 부처님께서는 '고생은 내가 다했으니 그대들은 고생할 생각 말고 행복하게 살기만 해라.'고 하셨는데, 우리들은 부처님 말씀을 듣지 않고 무시하면서 열심히 마음 밖에서 찾고 있습니다. 이젠 멈춰야 합니다. 행복한 삶을 위해서는 인간의 본질을 바르게 알고, 세상이 만들어지는 원리를 알기만 하면 됩니다.

앵커: 인간의 본질과 세상이 만들어지는 원리를 알면, 모든 고민에서 해방이 되고 쉽게 행복해진다고 하는데, 인간의 본질과 세상이 만들어지는 원리를 안다는 것이 어렵지 않나요?

황수남: 이것은 종교의 역할, 깨달음에 대한 것이어서 정말 어렵습니다. 그런데 종교는 종교전문가들이 계시니까 그분들이 연구하시고, 우리들은 그것을 생활에 가져다 사용하면 되지 우리가 종교전문가까지 될 필요는 없습니다. 인간은 본래 부처이기 때문에 부처인 인간에게는 생로병사가 없고 죄, 악, 가난, 병, 불행이 없는 완전

하고 원만하며 무한한 존재라고 인정하는 것이 제일 중요합니다.

내가 왜 완전한지, 내가 왜 부처인지 따지지 말고 그것을 인정하면 됩니다. 부처가 되려고 노력도 하지 말고 내가 이미 부처라고 인정하면 바로 끝납니다. 좀 더 쉽게 이야기하면 인간은 무한한 지혜, 사랑, 생명, 조화, 환희, 공급 등을 모두 가진 위대한 존재, 즉 부처라고 인정하면 됩니다.

'모든 인간은 이미 깨닫고 있고 이미 불국토에 살고 있다.'라고 부처님은 말씀하셨는데, 우리들은 믿지 않고 왜 따지기만 하나요? 부처님의 가르침대로 그냥 좋은 것뿐이라고 인정하면 되고, '예, 맞습니다.' 하면 되는데 '아니에요, 아니에요, 절대로 그렇지 않아요. 우리들에게 어떻게 좋은 것만 있나요, 불행, 병, 가난도 있어요. 우리는 절대로 부처가 아닙니다.' 더 나아가 '우리는 고행을 해야 해요. 단식해야 합니다. 업보를 받아야 해요.' 라고 합니다.

부처님은 '모든 인간은 부처다. 그러니 그대들에게는 좋은 것뿐이다.'라고 힘주어 말씀하셨는데 우리는 못 믿죠. 이것은 정말 큰 죄입니다. 부처님 말씀을 믿어야 합니다. 청취자님들! 지금 한번 따라 해 보세요. "나는 부처다. 나는 위대한 존재다." 그렇게 하시면 됩니다.

앵커: 그런데 지금 정신과 육체가 아프신 분도 있고, 절망속에서 방황하는 분들도 계실 거고, 형편이 넉넉하지 않아 괴로워하는 분들도 있습니다. 이러한 것을 보면 병, 불행, 가난이 있지 않나요?

황수남: 아닙니다. 병, 불행, 가난이 있는 것처럼 보이지만 절대로 없습니다. 그것들은 있는 것이 아니라 그렇게 표현되어 현상 세계에 있는 것처럼 보일 뿐입니다. 있는 것하고 표현된 것은 완전히 다릅니다. 해가 지는 것은 그렇게 보일 뿐이지 진실은 지구가 자전하는 것입니다. 이러한 것처럼 병, 불행, 가난이 있는 듯이 보이지만, 인간에게는 절대로 병, 불행, 가난이 있을 수가 없고 좋은 것뿐, 부처일 뿐입니다.

우리의 삶에 나쁜 것이 있는 것처럼 보이는 것은, 실제 인간Real Man과 나타난 현상인간을 구분하지 못해서인데, 겉으로 나타난 현상에는 나쁘게 보이지만 실제로는 없습니다. 나쁜 것이 없다는 것을 실제로 증명해 보이겠습니다. 여기 물이 있는데 물에다가 흙을 떨어트리면 물이 지저분해 보입니다. 그런데 물의 본질인 H2O는 한번도 더러워진 적이 없고, 앞으로도 절대로 더러워지지 않고 금강불괴, 청정무구 그대로입니다. 이러한 것처럼 겉으로는 병, 불행, 가난이 나타나 있는 것처럼 보이지만, 인간은 본래부터 완전하고 원만한 부처님입니다.

부처님 이전까지의 인간관을 보면 '인간의 본성 + 죄, 악 = 인간'이었습니다. 이러한 인간관은 인간에게는 죄, 악, 병, 가난과 죽음이 있다는 것인데, 부처님께서 생로병사를 초탈하시고 인간에게는 '죄, 악이 본래 없다. 인간이 부처'라고 천명하셨습니다. 이를 다시 정리하면 '인간의 본성 + 죄, 악 없음 = 인간, 그래서 인간 = 부처'가 되는 것입니다. 이 한마디로 부처님은 모든 인류를 죄, 악, 불행에서 해탈시켜 구원하신 것입니다.

　부처님은 기존의 세계관, 인간관을 다 바꾸어 놓으셨습니다. 이를 깨달음, 해탈이라 하는데 우리는 깨닫거나 해탈하려 애쓰지 말고, 부처님이 우리를 위해 밝혀 놓은 '인간이 부처'라는 것을 이용해서 그냥 부처로 살면 됩니다. 이것이 실상 독재, 오로지 좋은 것뿐, 선 일원의 세계, 천상천하유아독존이고 이것이 바로 여러분들입니다. 단언컨대 여러분이 부처이고, 여러분을 비롯한 모든 인간은 이미 좋은 것뿐인 불국토에 살고 있습니다.

앵커: 좋습니다. 그렇다면 인간이 부처라는 것을 알기만 하면 생활이 윤택해지고 삶이 행복해지나요?

황수남: 대단히 좋은 질문입니다. 불교인이라면 '내가 부처다.'를 이론적으로는 모르는 사람이 없을 것입니다. 그런데 우리의 생활에 불국토가 즉각 나타나지 않는 것은, 그것을 삶에 옮겨놓은 마음의 법칙, 즉 세상이 만들어지는 원리를 몰랐기 때문입니다. 세상이 만들어지는 원리는 불교의 일체유심조를 이용하면 됩니다. 자신의 몸을 비롯한 모든 세상은 자신의 말대로, 마음대로 만들어집니다. 그러면 어떤 말, 어떤 마음을 가지면 되는지 알아야 하는데, 부처님을 우리가 쓰는 말로 바꾸면 감사입니다. 부처 = 감사이니 매사에 그저 감사하면 됩니다.

　감사는 이미 있는 것에 대한 인정이고 좋은 것을 끄집어내는 마중물입니다. 한 바가지의 마중물이 무한대의 맑은 물을 나오게 하는 것이 감사입니다. 우리들의 마음은 딱딱하게 굳어 있는데, 감사하면 마음이 부드러워지고 유연해져서 본래 인간 안에 있는 위대한 본성이 나오기가 쉽습니다. 그래서 감사하면 감사할 일이 생겨 생활환경에 불국토가 바로 실현됩니다. 부처님과 같은 단어가 감사입니다. 이를 베풀면 베풀어지는 마음의 법칙을 이용하여 감사를 베풀면 감사할 일이 넘쳐날 것입니다.

　좀 더 알기 쉽게 정리하면 불변의 진리인 '내가 부처다. 나에게는 좋은 것뿐이다.'를 세로축縱軸으로 두고, 우리의 일상생활에서 그저 감사하는 삶을 가로축橫軸으로 두면, 세로축과 가로축이 만나는 점인 '지금 여기'에 삶의 꽃이 피게 되어 있습니다. 이 세상은 시간과 공간이 없는 무시간無時間, 무공간無空間의 세계이기 때문에, 즉각 불국토가 열리고 병, 가난이 없어지며 바로 행복해집니다.

앵커: 어찌 보면 쉬운 것 같기도 한데 정말 좋아질까요?

황수남: 반드시 좋아집니다. 아니 좋아질 수밖에 없습니다. 그런데 우리들은 한 번도 즉각 좋아지는 경험을 해본 적이 없기 때문에 어렵다고 합니다. 특히 우리들은 시간과 공간(물질)이 있다는 3차원 세계, 현상세계에 살고 있기 때문에 본래 세상을 언어로 표현하기가 어렵고, 지금 우리가 사는 세상의 배후에 있는 본질의 세계, 실제 세계를 보지 못하기 때문에 어렵다고 하지만 절대로 그렇지 않

습니다.

일체유심조라고 했듯이, 본질에 있는 좋은 것을 말로 표현하면 그대로 나타납니다. 나타난 현실 생활이 아무리 힘들더라도 눈도 돌리지 말고 '나에게는 건강만이 있습니다.' '나에게는 행복만이 있습니다.' '나에게는 무한의 부富만이 있습니다.' '감사합니다. 감사합니다.'하면 됩니다. 실제로 제가 상담했던 내용을 말씀드려 보겠습니다.

어머니가 상담을 오셨는데, 아들이 우리나라 최고의 대학을 졸업 후 대기업에 취직했다고 합니다. 그런데 6개월 정도 다니더니 아무런 말도 없이 회사를 그만두고, 방에서 나오지 않고 나중에는 밥도 같이 먹지 않았다고 합니다. 병원에 데려가서 심리 치료를 받고 우울증약도 먹이는 등 방법을 찾아봤지만 좋아지지를 않았다고 울면서 이야기하셨습니다. 그런데 알고 보니 남편과의 갈등이 원인이었습니다.

그래서 말씀드렸습니다. 아이도 훌륭하고 어머니도 훌륭한데 단지 어머니가 그동안 살아오면서 주변에 미움, 특히 10여 년 전부터 남편이 밖으로만 나다녀서 남편에 대한 증오와 마음속의 어두운 분노의 그림자가 아들에게 그대로 입력되어 사회생활에 혼란이 온 것입니다. 아이의 지금 행동은 '엄마, 나 외롭고 무서워, 나 좀 봐주고 인정해 줘!' 하는 무언의 호소이고, 엄마의 마음 상태를 보여 주는 거울이고 신호입니다. 아이는 '아버지, 어머니, 서로 사랑하며 사세요. 행복하게 사세요.' 하는 메시지를 보내는 것인데, 엄마는 아이의 본질을 보지 못하고 나타난 거짓 모습만 보고 놀란 것이라고 말했습니다.

그리고 자식은 부모에게 효도하는 것이 원칙인데, 지금 아들이 좋지 않은 행동을 하는 것은 거꾸로 된 배반의 결과입니다. 그것은 어머니 마음이 바르지 않고 거꾸로 되어있기 때문입니다. 거꾸로 된 마음을 제일 빨리 바로잡는 것이 부모님께 감사하는 것입니다. 그래서 친정아버지와 어머니, 남편에 대한 감사를 시켰을 뿐, 아이에(대한) 이렇게 하라 저렇게 하라는 것은 단 한마디도 하지 않았습니다. 아침에 일어나자마자 마음속으로 '아버지, 감사합니다. 어머니, 감사합니다. 남편에게 감사합니다.'를 외우라고 하고, 자기 전에도 같은 방식으로 하라고 했습니다.

일주일 후 출근길에 그 어머니한테서 전화가 왔는데 기적같은 일이 생겼다고 했습니다. 아침에 출근하는데 내다보지도 않던 아이가 문을 열고 나오면서 '엄마 잘 갔다 와.' 하는 인사말에 엄마가 깜짝 놀랐다고 했지만, 이것은 기적이 아니라 당연한 일입니다. 이제부터는 아들에게도 '감사합니다.'를 하라고 했습니다. 며칠 동안 아들에게 감사를 했더니 아이에 대해 안타까움이 없어지고, 아이가 태어났을 때, 최고 대학에 들어갔을 때의 기쁜 마음과 군대 가서 옷 보내왔을 때 등이 생각나면서 눈물이 펑펑 나더랍니다.

평생 그렇게 많이 울어보기는 처음이라 했습니다. '감사합니다.'를 외운 약 1주일 후 퇴근해서 들어가니 아들이 무릎을 꿇고 "아버지, 어머니, 그동안 죄송했습니다. 너무 외롭고 무서웠어요. 하지만 이제는 괜찮아요. 잘할 수 있으니 지켜봐 주세요." 하더랍니다. 그 아이 지금 안정된 곳에 취직해서 잘살고 있습니다.

자신의 마음이 올바른 길에 놓이면 좋은 일이 즉각 일어납니다. 지금까지는 아이의 잘못을 고치려고 노력했지만 제자리걸음이었습니다. 아들에게 들어있는 훌륭한 불성佛性을 인정하고 말로 불러내면, 나쁜 것은 본래 없는 것이니 즉각 없어집니다. 컴퓨터를 리셋하듯이 우리의 마음을 감사로 리셋하십시오. 지금 힘들게 하는 그 대상에게 감사하세요. 그러면 병도, 가난도, 좋지 않은 것도 없어져서 본래의 자리인 무無로 돌아가고, 위대한 인간의 본래 모습, 불성이 바로 나타나게 됩니다.

앵커: 군대 갔다 온 아들의 고민이 이제 삶에서 행복해지는 길까지 연결이 되었습니다. 행복해지는 인생의 길, 삶의 길이 보이는 것 같아 힘이 납니다. 끝으로 한 말씀 해주십시오.

황수남: 말 잘 듣는 아이들이 반드시 좋을까요? 그럼, 말 안 듣는 아이가 꼭 나쁠까요? 세월호 사건 때 가만히 있으라는 말을 잘 들은 아이들 어찌 되었나요? 지금도 눈물이 납니다. 윤봉길 의사가 독립운동하러 간다고 했을 때 부모를 비롯한 가족 모두가 말렸습니다. 그런데 부모님 말을 듣지 않고 독립운동을 하러 간 그분은 우리나라를 구한 의사입니다. 좋고 나쁘고는 겉모습에 있지 않습니다. 인간의 본질에는 좋은 것뿐인데 겉으로 나쁘게 보일 뿐입니다.

겉모습이 아무리 흉측하고 도깨비 같아 보여도 그 안에는 밝고 맑은 모습이 있습니다. 겉모습에 속지 맙시다. 물은 어떤 것에도 물들지 않고 맑고 영롱하듯이, 인간에게는 병, 불행이 존재하지 않고 이미 훌륭합니다. 빛은 이미 도처에 널려 있습니다. 이제 눈을 뜹시다.

나도, 남편도, 아이도 모두 다 훌륭합니다. 이제부터 괴로워하는 사람에게는 감사를 베풀고, 인생의 무게에 눌려 넘어져 있는 사람에게는 손 내밀어 주는 친절을 베풀며, 만나는 사람마다 환한 얼굴로 감사의 표정을 나누세요. 이것이 상대를 기쁘게 하고, 부유하게 하며, 그와 더불어 자신이 몇 배로 기쁘게 되며 부유하게 됩니다. 한 사람의 감사한 생활이 열 사람을 감사하게 만듭니다. 그 열 사람이 열 배의 감사하는 사람을 만들면, 감사하는 사람이 기하급수적으로 늘어나 감사로 가득한 세상을 만들게 됩니다.

그러면 우리나라가 감사로 가득하게 되고, 우리 민족이 위대해지고, 온 인류가 위대해집니다. 나 하나 깨달으면 삼라만상이 깨닫게 됩니다. 이것이 인류의 구원입니다. 그 중심에 그대가 있습니다. 그대가 세상을 구원합니다. 그대가 바로 부처입니다. 그대의 위대함에 거듭 감사를 드립니다.

청취자 여러분! 감사드리고 사랑합니다!

앵커: 오늘 행복해지는 삶의 원리에 대해 좋은 말씀 많이 들었습니다. 다음 시간에 뵙겠습니다. 안녕히 계십시오.

행복한 삶을 영위하자면 인간의 본질을 바르게 알고 세상이 만들어지는 원리를 알면 됩니다.

감사는 이미 있는 것에 대한 인정이고 좋은 것을 끄집어 내는 마중물입니다.

불변의 진리인 '내가 부처다. 나에게는 좋은 것뿐이다.'를 세로축縱軸으로 두고, 우리의 일상생활에서 그저 감사하는 삶을 가로축橫軸으로 두면, 세로축과 가로축이 만나는 점인 '지금 여기'에 삶의 꽃이 피어납니다.

《삶에서 자유로워지는 법》
직장 상사가 힘들게 해요.

나타난 환경은
자신의 마음을 보여주는 거울로서
100% 자기 마음의 그림자입니다.

 직장 상사가 힘들게 해요.

코로나 여파로 회사가 구조 개편이 되었습니다. 그런데 이번에 새로 오신 팀장님은 내가 하는 일마다 트집을 잡아 회사를 그만두고 싶은 때가 한두 번이 아닙니다. 그래서인지 후임마저 알지도 못하면서 덩달아 나서기만 해서 중간에서 스트레스를 너무 많이 받습니다. 어떤 마음을 가져야 회사를 잘 다닐 수가 있나요?

앵커: 이러한 고민은 어느 단체에서든지 누구나 느낄 수 있는 고민이 아닐까 싶습니다.

황수남: 그렇습니다. 이러한 고민은 인간이 생긴 이래부터 있어 왔고 인간이 존재할 때까지 지속될 것입니다. 인간이라는 말을 보면 사람인人에 사이 간間, 사람과 사람 사이를 말하거든요. 인간은 홀로 살 수 없는 사회적 존재입니다. 그렇기 때문에 이러한 문제는 인간이 존재하는 한 지속될 수밖에 없는 것입니다. 누구나 살아가는 동안 계속해서 일어나는 일이기 때문에 꼭 해결해야 하는 문제이기도 하고요.

이러한 일은 남의 문제가 아니라 '자기 주변 환경 바로 보기이고 자신 바로 보기'입니다. 그러기 위해서는 우선 세 가지를 알아야 합니다. 첫째는 자신을 힘들게 하는 환경은 자신의 발목을 잡는 존재가 아니라, 자신을 사랑하고 발전시키려는 존재인 것을 알아차려야 합니다. 둘째는 자신을 포함한 개인과 단체가 성장하는 것, 다시 말해 나쁜 것을 개선하고 좋아지려는 과정입니다. 세 번째는 자신을 대하는 사람들의 태도를 보면서 자신의 마음이 어디에 있는가를 알아차리는 것입니다.

예를 들어 막대기로 땅에다 선을 그으면 그 선이 바른지 삐뚤삐뚤한지 모릅니다. 그러니 고개 들어 선을 한 번씩 봐야 하는 것처럼, 나타난 환경은 자신의 마음을 보여주는 거울, 100% 자기 마음의 그림자입니다.

앵커: 작가님도 이러한 상황을 겪어 보셨는지요?

황수남: 물론입니다. 대학 다닐 때 연구실에 한 선배가 유독 나만 괴롭혀서, 연구실을 옮기던지, 아니면 확 두들겨 패 버리고 싶은 적이 있었습니다. 친구들한테 물어보니 분이 풀릴 정도로 때리고 군대 가라고 했지만 그건 아닌 것 같아서 곰곰이 생각을 해 봤습니다.

'그 사람이 내게 나쁜 사람이라도 홧김에 연구실을 옮기던지 또 때려서 경찰서 가면 누가 손해지?' '내가 손해다.' 그런데 '왜 그 사람의 나쁜 행동에 내 인생을 희생하지? 그렇게 내 삶이 값어치가 없는가?' '아니다.' '그리고 내가 그 사람을 바꿀 수 있을까?' '그 사람 부모도 못 바꾸었다!' '그런데 그 선배는 교수님한테 인정받고 다른 사람에게도 잘한다. 내 생각대로라면 모두가 미워해야 하는데 그렇지 않은 것은 나에게 잘못이 있는 것 아닌가?' '그 사람에게 좋고 나쁨이 있는 것이 아니라 내 자신의 틀로만 잘못 본 것이 아닐까?'

지금까지는 그의 행동이 나쁘고 내가 좋은 사람인 줄 알았는데, 이제는 내가 잘못 생각한 것 같아 부끄러워지기 시작했습니다. 괜히 그 선배한테 미안해졌고 '지금이야 이런 문제가 심각하지 않지만, 나중에 직장에 가면 이런 인간관계가 더 많이 생길 것이다. 그때도 이런 식으로 대응하고 도망갈 것인가? 어떻게 하지?' 이런 생각에 밤을 새웠던 기억이 있습니다.

앵커: 어린 나이에 생각이 남들과 조금 달랐던 것 같습니다. 그래서 어떻게 해결하셨나요?

황수남: 그때는 어려서인지 더 이상 해결책도 없이 넘어갔지만, 세상을 살아갈수록 이 일은 제게 큰 화두가 되었습니다. '이런 일들은 세상을 살면서 평생동안 나에게 일어나는 도전이다. 그렇다면 나는 어떻게 응전할 것인가! 도망갈까, 참을까, 싸워 이길 것인가? 이 방법 외에는 방법이 없을까?' 이런 생각이 줄곧 저를 지배했습니다.

이런 일은 저만이 아니라 우리 모두가 살면서 일어날 수밖에 없는 일입니다. 도전과 응전, 그리고 제3의 길! 그래서 오늘 도둑 이야기를 들어 이런 상황을 같이 해결해 볼까 합니다.

앵커: 삶에서 도전과 응전이라… 그리고 도둑 이야기는 재미있을 것 같습니다.

황수남: 도둑은 우리 모두가 싫어하는 직업중의 하나입니다. 그런 데 도둑질을 직업으로 하는 사람들한테도 7가지 배울 점이 있습니다.

 1) 그는 밤늦게까지 일한다.

 2) 그는 자신이 목표한 일을 하룻밤에 끝내지 못하면, 다음날 밤에 또다시 도전한다.

 3) 그는 함께 일하는 동료의 모든 행동을 자기 자신의 일처럼 느낀다.

 4) 그는 적은 소득, 적은 이익에도 목숨을 건다.

 5) 그는 아주 값진 물건도 집착하지 않고 몇 푼의 돈과 바꿀 줄 안다.

 6) 그는 시련과 위기를 이겨낸다.

 7) 그런 것은 그에게는 아무것도 아니다.

 그는 자신이 하는 일에 최선을 다하며 자기가 지금 무슨 일을 하는지 안다.

저는 '그는 자신이 하는 일에 최선을 다하며 자기가 지금 무슨 일을 하는지 안다.'는 구절안에 해결책이 있다고 생각을 합니다. 우리 모두가 싫어하는 도둑은 자신의 일에 최선을 다하며 아마추어로 일을 하지 않고 프로처럼 일을 하거든요. 이중에서 보면 '그는 함께 일하는 동료의 모든 행동을 자기 자신의 일처럼 느낀다.'고 하는 부분이 있는데, 우리들은 과연 이렇게 하고 있을까요?

도둑은 망보는 사람과 도둑질하러 가는 사람이 있다면, 지금 동료 도둑이 무엇을 하는지, 또 자신이 어떻게 할지에 대해 한시도 놓치지 않고 알고 있을 것입니다. 그런데 우리들은 가정에서 아내나 남편, 아이들이 무엇에 힘들어하고 있는지 무엇을 원하는지 알고 있을까요? 또 직장에서 선배나 후배, 동료가 왜 저런 행동을 하는지, 나는 어떤 행동을 해야 하는지 잘 모르고, 오로지 자신만 생각하는 경우가 많거든요. 완전 아마추어적인 생각, 아마추어적인 삶을 살고 있지 않나요?

앵커: 그렇군요. 도둑은 동료의 손짓하나 발짓 하나까지도 무엇을 의미하는지 알고 있네요. 저는 '그는 아주 값진 물건도 집착하지 않고 몇 푼의 돈과 바꿀 줄 안다.'는 부분이 마음에 와닿습니다.

황수남: 이를 불교적으로 해석을 하면 '제법諸法이 공空하다.' 입니다. 다시 말해 '물건 자체, 일어난 일 자체에는 좋고 나쁨이 없다.'는 것입니다. 아무리 값진 물건이라 하더라도 그것이 어디에 있느냐에 따라 가치가 달라진다면, 그 물건 자체에는 값어치가 없고 값어치는 사람의 생각에 있다는 것입니다.

만약에 제가 사람을 죽이면 악惡이지만 안중근 의사가 이토를 죽인 것은 선善입니다. 이렇듯이 일어난 일은 상황에 따라 달라지고, 스스로 성질을 가지지 못한다는 부처님의 위대한 가르침인 모든 법이 공空, 무상無想, 색즉시공色卽是空이거든요. 여기에서 우리들은 삶의 답을 찾아야 합니다.

위 질문에서 보면 나는 팀장을 싫어하지만 회사 사장은 이런 팀장을 좋아하죠. 팀장은 좋고 나쁨이 따로 없는 팀장일 뿐입니다. 그런데 우리들은 나타난 역할에 속고, 팀장은 이래야 한다는 자신의 생각의 틀, 마음의 틀에 속은 것입니다. 이를 '전도몽상이다. 미망에 빠져 있다.'고 합니다.

그래서 부처님께서 우리들에게 일어난 일을 바르게 보라는 정견正見을 가르쳐주셨습니다. 일어난 일은 일어난 일일 뿐으로 좋고 나쁨이 없죠. 내가 좋다, 나쁘다고 하는 것은 단지 내 마음이 어디에 있는지 보여주는 거울이고 마음을 바꾸라는 신호일 뿐, 자신을 괴롭히는 일이 절대로 아닙니다.

앵커: 일어난 일은 스스로 성질을 가지지 못하고 더 나아가 자신의 마음을 바꾸라는 신호인 것을 알면, 도둑에게 배울점 중 여섯 번째에 있는 시련과 위기를 저절로 이겨낼 수 있게 될 것 같습니다. 그런데 말이 쉽지 이렇게 생각하기가 쉽지 않거든요.

황수남: 정말 쉽지 않습니다. 우리들은 평생 이런 일을 겪을 것인데, 계속 이렇게 살 것인가 아니면 단박에 해결할 것인가를 놓고

선택을 해야 합니다. 중요한 것은 우리 마음에서 한번 해결된 일은 두 번 다시 일어나지 않고, 설사 일어난다 해도 한번 해결해 봤으니 쉽게 해결할 수가 있습니다. 그러니 이번에 반드시 해결해야 합니다. 그래야 삶에서 자유로워집니다.

도둑에게 배울 점 마지막에 보면 '그런 것은 그에게는 아무것도 아니다. 그는 자신이 하는 일에 최선을 다하며 자기가 지금 무슨 일을 하는지 안다.' 입니다. 그는 도둑질하는 것을 알고 있거든요. 그런데 우리들은 우리가 무엇을 하는지 모를 때가 너무나 많습니다. 그냥 화내고 소리 지르고 비웃고 그리고 후회하죠. '왜 나에게 이런 일이 생기지! 너 때문이야, 너 때문에!'라고 끝없이 남 탓을 합니다. 아니면 '인생이 그런 것이지.'하며 적당히 삶과 타협을 하게 되거든요. 그러면 삶에서 자유로움을 잃게 됩니다. 우리는 삶에서 자유로워지는 연습을 해야 하는데, 이를 수행이라고 합니다. 수행은 2가지로 어려운 것과 쉬운 것이 있습니다. 어려운 것부터 먼저 말씀드리겠습니다.

순간에 깨어 있음 즉 '알아차림'이라고 하는 수행입니다. 명상수행 초보단계를 보면, 의식을 코끝에 모으고 숨을 들이쉴 때 숨이 들어간다고 알아차리고 나갈 때 나간다고 알아차리는 것입니다. 이것을 확장해서 생활로 가면, 밥 먹을 때 밥 먹는 것을 알아차리고 말할 때는 말하는 것을 알아차리는 것입니다.

그런데 우리들은 밥 먹을 때 밥만 먹어야 하는데 온갖 걱정 다 하고 온갖 잔소리 다 하죠. 걸을 때 온전히 걷기만 하는 것이 아니라 마음이 딴 데 가 있습니다. 밥 먹을 때 '밥 먹는 것'을 알아차리고, 걸을 때 '걷는 것'을 알아차리고, 화가 나면 '화가 났네.' 하고 알아차리면, 떠돌던 생각이 제자리로 돌아와 잡생각이 없어지고 실상實相의 완전함을 보게 됩니다. 그러면 모든 문제들이 저절로 해결되고 좋아집니다. 그런데 우리들은 알아차리기를 정작 1분도 못 합니다.

예전에 이런 일이 있었습니다. 아버지 돌아가시고 어머니 힘드실까 봐 이모님들 모시고 며칠 여행을 다녀온 적이 있었습니다. 모두들 행복해 하는 시간이었습니다. 그런데 이모들이 저에게 고맙다는 인사가 끝나자마자, 바로 지난가을에 담근 김장이 맛이 별로라느니 그때 며느리가 와서 일도 안하고 화만 내고 있었다는 등 흉만 보았습니다. 그러더니 사위에게 뭐가 섭섭했는지 사위는 남이라고 하고, 저희 어머니도 알지 못하는 남의 집 사위가 집을 나갔다고 하는 등 경치 구경은 하나도 하지 않고 여행 내내 남 이야기, 지나간 이야기만 계속했습니다.

다음 해 아버지 제사 때 이모들이 오셔서 지난번 여행 이야기를 한참 하셨습니다. 여행 가서는 경치 구경 하나도 안 하고 다른 이야기만 하더니 정작 돌아와서는 여행 이야기만 했습니다. 내가 봤을 때는 어머니하고 이모들 구경 하나도 안 했거든요. 웃을 일이지만 이것이 우리의 모습이죠. 우리가 이런 삶에서 벗어나지를 못합니다.

자신이 무엇을 하는지 알아차리면, 그에 맞게 조화로운 행동만

하게 되니 좋지 않은 일이 일어날 수가 없습니다. 1분 만이라도 온전히 깨어 있으면 불성이 나타나 완전한 행복과 조화에 머물게 됩니다. 그런데 우리들은 이러한 수행을 안 해봐서, 자신이 지금 무슨 생각을 하는지 또 무엇을 하는지 알아차리는 것이 정말 힘듭니다.

앵커: 저도 명상 수행을 해 봤지만 쉽지가 않은 것이 사실입니다. 그렇다면 쉬운 방법을 알려 주세요.

황수남: 수행은 염불, 찬불가, 만트라 등을 외우는 송행, 생각의 움직임을 바라보는 관행, 몸으로 보시를 베푸는 애행 등이 있는데, 이 모든 것이 떠도는 생각을 끊고 있는 그대로 실상의 완전 원만함, 무한 장엄함을 보는 것, 다시 말해 자신이 본래 부처라는 것을 보는 것입니다. 결국 '떠도는 생각을 끊으면 좋은 것이 나온다.'는 것인데, 여기에 정말 중요한 단서가 있습니다.

　잘 생각해 보세요. 떠도는 생각을 끊으면 좋은 것이 나온다는 것은, 좋은 것이 이미 있는데 먹구름 같은 떠도는 생각이 좋은 것을 가린 상태라는 말입니다. 다시 말해 태양을 먹구름이 가린 상태이지 태양이 없는 상태는 아니라는 것이죠. 떠도는 생각은 변하는 것이니 신경쓰지 말고 놔두면 저절로 없어집니다. 그래서 인간에게는 좋은 것만 있게 됩니다. 그럼 관행, 애행, 송행 등 수행을 해서 부처가 될까요, 이미 부처일까요?

　좀 더 쉽게 말씀드려 보겠습니다. 이곳 스튜디오 안에는 마이크도 있고 책상, 걸상, 노트북 등이 있습니다. 그런데 마이크나 책상, 걸상을 들어내야 스튜디오가 있을까요? 본래부터 스튜디오가 있나요? 본래부터 있죠. 그러니 애써서 생각을 없애려 하지 말고 '이 세상 모든 것이 이미 완전하고 조화로운 부처의 세상, 불국토'라고 인정을 하면 됩니다.

부처는 무한 지혜, 무한 자비, 무한 조화, 무한 환희, 무한 생명, 무한 공급으로 좋은 것 뿐이니 모든 문제가 해결됩니다. 아니, 문제라고 할 것이 하나도 없습니다. 문제는 단지 세상을 바르게 보라는 신호일 뿐이고, 가짜가 떨어져 나가는 자괴 작용이고 좋은 것이 나오려는 징조인데, 자신의 욕심, 분별심, 두려움, 공포에 가려 잘못 보니까 문제라고 보일 뿐입니다.

이를 기독교적으로 보면 '원수를 사랑하라.'는 것인데 정확히 말씀드리면 원수를 억지로 사랑하라는 것이 아니고 원수라고 할 나쁜 것이 본래 없다는 것이고, 불교적으로 보면 없는 문제, 없는 중생을 문제있는 중생이라고 만들고, 그 없는 중생을 구제해 주려고 했던 것입니다.

신라시대 대안 대사가 원효대사에게 '여기 마땅히 구제해야 할 중생을 두고 어디 가서 중생을 따로 구한다는 말이냐.'고 대갈大喝하신 것이 바로 이것입니다. '본래부터 없는 중생을 자신의 생각으로 불쌍한 중생이라고 만들고 그 중생을 도와 주려한 자신이 중생'이라는 것입니다. 모든 인류가 여기에 속고 있습니다. 그래서 이를 간파하신 부처님이 위대하고 위대하신 것입니다. 이것이 바로 해탈이고 이것이 바로 인류의 해방입니다.

　그러니 이렇게 하시면 됩니다. '나에게는 본래 문제가 없다.' '설사 문제가 있다 하더라도 부처님은 모든 것을 해결하신다.' '그렇다면 에라 모르겠다. 내 안의 주인공이신 부처님이 해결해 주시겠지.'하며 믿고 감사하는 것입니다. 그러면 모든 것이 저절로 해결됩니다. 아니 이미 해결되어 있는 것을 발견했으니 좋은 것이 즉각 주변에 나타납니다.

앵커: 결국은 모든 문제의 해결법은 '자신이 지금 어떤 생각을 하는지 알아차리는 것'과 '모든 것이 이미 완전한 부처라고 믿고 전탁하는 것'이군요. 이 내용으로 고민이 해결되리라 믿습니다. 끝으로 하실 말씀 있으시면 해주십시오.

황수남: 부처님께서는 '우리들에게 생로병사가 없다.'고 하셨거든요. 다시 말해 세상의 모든 불행, 고민은 없습니다. 우리들은 이것을 믿으면 되는데 왜 병이 없는지 왜 불행이 없는지를 의심하기 시작하며 부처도, 경전도, 스스로도 못 믿습니다. 그런데 행복하게 살기는 간단합니다.

　부처님께서 나쁜 일은 없다 하셨으니 나쁜 일은 없다고 믿고, 지금 '나쁜 일이 일어난 것은 세상을 바르게 보라는 신호고 좋은 것이 나오려는 징조다. 그래서 감사합니다.' 하면 즉각 문제가 해결되고 행복해집니다. 그리고 삶에서 일어나는 좋지 않은 일은 자신을 수련하는 기회로 삼아야 합니다.

자신을 힘들게 하는 그 사람을 자신을 발전시키는 유능한 트레이너로 삼고, 자신은 화를 참는 것이 아니라 어떤 경우라도 화가 안 나는 자신으로 만들어 봅시다. 그 사람이 나를 힘들게 할수록 '그렇게 한다고 내가 화를 낼 것 같으냐?'고 자신에게 말하고, 자신의 위대성을 바르게 알아차립시다. 그러면 화가 없어지고 그 화의 근원이 어디에 있었는지 알게 될 것입니다. 이것만 알게 되면 상대가 자신을 성장시키는 부처였다는 것을 알게 되고, 그분에게 진심으로 감사하게 됩니다. 그러면 우리는 삶에서 자유로워지고 훌륭해질 것입니다. 지금 자신을 정말 화나게 하는 사람이 있나요?

도전과 응전!

모든 것에 감사하면 도전이라는 독화살이 꽃비가 되어 내릴 것입니다. 이것이 삶에서 자유로워지는 법으로 우리를 삶의 천재, 프로의 삶으로 이끌어 줍니다. 삶의 천재, 삶에 자유로운 프로가 되신 여러분, 축하드리고 앞으로 행복한 일만 생길 것입니다. 좋은 일만 생각하면 좋은 일이 생깁니다.

나의 꿈은 당신의 행복입니다.

감사합니다.

자신을 힘들게 하는 그 사람을 자신을 발전시키는 유능한 트레이너로 삼고, 자신은 화를 참는 것이 아니라 어떤 경우라도 화가 안 나는 자신으로 만들어 봅시다. 그 사람이 나를 힘들게 할수록 '그렇게 한다고 내가 화를 낼 것 같으냐?'고 자신에게 말하고, 자신의 위대성을 바르게 알아차립시다.

그러면 화가 없어지고 그 화의 근원이 어디에 있었는지 알게 될 것입니다. 이것만 알게 되면 상대가 자신을 성장시키는 부처였다는 것을 알게 되고, 그분에게 진심으로 감사하게 됩니다. 그러면 우리는 삶에서 자유로워지고 훌륭해질 것입니다.

《삶이 내게 말 걸어올 때》
부부 사이가 힘들어요.

힘든 일은 괴로운 것이 아니라,
좋은 것이 나오려는 신호입니다.

 부부 사이가 힘들어요.

안녕하세요. 저는 결혼 30년 차인 주부입니다. 신혼때는 금실 좋기로 소문이 났는데, 아이들이 자라고부터는 대화도 줄고 거리감이 생기더니 지금은 데면데면합니다. 서로 사랑해서 결혼했는데, 30년을 살다 보니 사랑은 온데간데 없고 여러 가지가 불편하고 주말부부, 졸혼부부가 많이 부럽습니다. 앞으로 20년은 같이 살아야 하는데 솔직히 힘이 듭니다. 나는 그렇다 치고 곧 딸아이가 결혼하는데, 아이의 행복한 결혼생활을 위해 무슨 말을 해주어야 할까요?

앵커: 내일이 부부의 날입니다. 부부 문제 사연을 보니 우리나라 대부분의 중년 부부가 느끼는 감정이라 공감이 되면서도, 한편으로는 안타까운 생각이 들기도 합니다. 왜 이런 일이 생길까요?

황수남: 질문을 보면 부부간의 소통 방법을 모르는 것과 어떻게 살아야 하는지를 모르는 것, 크게 2가지로 요약이 됩니다. 그런데 이것보다 더 큰 문제는 아무도 또 어느 곳에서도 이러한 고민 해결법을 가르쳐 주지 않는다는 것입니다. 대부분의 사람들이 행복한 가정 경영법에 대해 배우거나 고민하지 않고 결혼하고 아이 낳습니다. 그런 상황이니 부모에게 배운 대로 또는 부모와 반대되는 행동만 합니다. 위 질문처럼 시집가는 딸에게 엄마가 무슨 말을 해 줄까?

글쎄, 별로 해줄 말이 없을 것입니다. 그저 상투적으로 "시부모님 잘 모시고 남편한테 잘해라." 정도일걸요. 과연 그 말에 자유로운 엄마가 우리나라에 얼마나 될까요?

앵커: 작가님 말을 들어 보니, 결혼하기 전에 행복한 가정을 이루는 법을 배운 적이 없는 것 같습니다. 그렇다 보니 시행착오가 많은데, 다행히 그 시행착오를 잘 이겨 내신 분들은 나름 행복하게 사는 것 같은데, 그렇지 않은 분들은 아주 힘들게 살아갑니다.

황수남: 네, 우리나라 중년 부부의 행복도를 조사해 보면 빨간 신호등이 켜집니다. 겉으로는 웃고 있지만 속으로 힘들어하는 분들이 참 많은데, 이는 많은 사람들이 부부가 될 준비를 하지 않고 결혼했기 때문입니다. 그렇다 보니 무엇을 추구해야 할지, 어떻게 가정경영을 해야 할지에 대한 계획이 전무하게 됩니다. 내일이 21일로 둘이 만나 하나가 된다는 의미인 부부의 날입니다. 그래서 어떻게 하면 가정을 행복하게 경영해 갈지에 대해 이야기해 볼까 합니다.

앵커: 부부의 날을 맞이해서, 어떻게 살아야 부부가 행복해지는지에 관해 이야기해 보는 것도 좋을 것 같습니다. 위 상담 내용에 보면 부부로 사는 것이 힘들다고 했는데, 힘들다는 것은 어떻게 받아들여야 하나요?

황수남: 힘든 일은 괴로운 것이 아니라 좋은 것이 나오려는 신호입니다. 자세히 볼까요? 힘든다는 것은 외면으로 향해 있던 마음이

자신의 내면을 보기 시작하는 것이죠. 그렇다면 이는 삶이 내게 말을 걸어오는 것입니다.

앵커: 삶이 내게 말 걸어온다? 꽤나 신선하게 느껴집니다.

황수남: 그렇죠. 우리들은 살면서 힘든 일을 만날 때 도망치거나 급하게 그것만 해결하려고 합니다. 그럴 것이 아니라 그때가 삶이 내게 '너 잘하고 있니?' '진정 너는 누구니?'하며 말 걸어오는 내면의 속삭임인 것을 알아차려야 합니다. 그것을 알아차리면 힘든 일은 자신을 찾으라는 신호로 바뀌고 더 나아가 축복으로 바뀝니다. 이렇듯이 힘든 일이 없다면 내면의 속삭임, 삶이 자신에게 말 걸어오는 것을 절대로 알 수가 없습니다.

사람들은 삶이 자신에게 말 걸어오는 것을 모르고, 힘든 일이 생길 때마다 남탓을 하거나 외부의 문제만 급하게 해결합니다. 그러면 겉으로 보기에는 문제가 없어진 것처럼 보이지만, 내부에 문제의 씨앗이 남아있어서 비슷한 상황을 만나면 또 문제를 만들어 냅니다. 그러면 평생 문제에서 벗어날 수가 없게 됩니다. 질문자께서 문제를 해결하려고 30년 동안 급한 일만 처리해서 지금 상황이라면, 이제는 급한 일보다 중요한 일을 먼저 해야 합니다.

내가 행복해지기 위해 무엇을 해야 할지를 묻기 전에 나는 누구인가를 먼저 물어야 합니다. 그리고 내 삶에서 무엇을 이루고자 하기 전에, 삶이 나를 통해 무엇을 이루고자 하는지에 대한 깊은 성찰이 제일 중요한 일입니다.

그래서 힘든 일은 자신이 누구인지를 알려주려는 자아 발견의 신호이고, 또 자신이 왜 태어났고 어떻게 살아야 하는지, 다시 말해 자신의 존재 이유와 사명을 알려주는 절호의 기회이고 축복입니다.

앵커: 힘든 일이 나의 발목을 잡는 것이 아니라 삶이 자신에게 말 걸어오고 자신이 누구인지, 왜 태어났는지를 알려 주려는 신호다. … 아주 좋습니다. 여기서 질문이 들어갑니다. 그럼 부부란 무엇인가요?

황수남: 참 어려운 질문입니다. 부부의 날인 21이 의미하듯이, 우리들은 두 개의 반쪽이 만나 하나가 되는 것이 부부라고 하는데 이는 잘못 이해한 것입니다. 반쪽과 반쪽이 만나 하나가 되는 것은 일견 맞는 것 같지만 틀린 말입니다. 반쪽과 반쪽이 만나 하나가 되어도 가운데 금이 남게 됩니다. 그러면 하나가 된 것이 아니죠. 또 이런 식의 물리적 결합으로는 하나가 될 수도 없고요. 그럼에도 불구하고 우리들은 반쪽과 반쪽이 하나가 되려고 노력을 하고, 더 나아가 상대인 반쪽을 바꾸려고 하는데, 이것은 거의 해결 불가능한 문제입니다.

부부란 반쪽과 반쪽이 만나 완전한 하나가 되는 것이 아니라, 완전한 하나가 다른 완전한 하나를 만나 서로 포개져서 또 다른 하나가 되는 것입니다. 그래야 혼자 있을 때도 행복하고 둘이 있어도 행복하게 됩니다. 그래서 부부는 서로가 완전한 하나임을 보여주는 거울입니다.

이제부터 남편이나 아내를 바꾸려고 애쓰지 마시고, 남편이나 아내가 서로 완전하다는 것을 인정해야 합니다. 그래야 가정이 균형과 질서가 잡히고 그것을 바탕으로 차별과 다름이 인정되어 저절로 조화로워집니다. 부부는 본성에서는 평등하고 역할에서는 차별이 있거든요. 이 평등과 차별에서 균형과 질서, 조화가 나옵니다. 균형과 질서, 조화를 바탕으로 있는 그대로 서로에게 감사하면 행복한 가정이 만들어 집니다. 그런데 균형과 질서의 근간인 평등과 차별에서 평등만 내세우고 차별을 인정하지 않기 때문에, 소통이 되지 않고 가정이 힘들어지게 됩니다.

앵커: 부부간의 평등과 차별에서 질서와 균형, 조화가 나와 가정이 행복해진다는 것은 상당히 좋은 말씀입니다. 그런데 실생활에서는 좀 어렵지 않나요?

황수남: 인간의 본성이 완전하고 원만하다는 것을 알면 절대로 어렵지 않습니다. 그런데 서로가 완전한 것을 모르고 불완전하다고 생각을 하니, 남편은 아내를 아내는 남편을 강제하고 억압을 하니 계속해서 힘들어집니다. 제일 중요한 것이 나도 부처의 완전한 본성을 가지고 있고 상대도 그렇다는 것을 인정하는 것인데, 인정을

안 하고 상대의 어느 한구석도 부처의 모습이 없다고 합니다. 참 안타깝습니다. 이것을 쉽게 이야기하면 전망 좋고 빛이 잘 드는 집이 있는데, 정작 자신은 지하실에 살면서 어둡고 습기 차다고 불평하는 것과 같죠. 위층으로 올라가기만 하면 되는데 말입니다.

일전에 일산에서 가구점을 경영하시는 부인이 상담하러 왔던 적이 있었습니다. 처음 가구점을 할 때는 거래처 하나 영업해 오는 남편이 그렇게 멋있어 보였답니다. 그런데 2년 정도 지난 후부터는, 남편이 영업하러 간다고 하고는 일찍 들어오지 않아 슬슬 미워지기 시작하더니, 그 후 무엇을 해도 밉게만 보이고 반품이나 클레임도 많이 생겨 사업도 잘 안되어 힘이 든다고 했습니다.

그래서 제가 "남편은 훌륭하고 좋은 사람이니 좋은 점을 찾아내어 매일 감사하고 칭찬하라"고 했습니다. 그랬더니 남편하는 꼴을 보면 화가 나서 칭찬할 것이 하나도 없다고 했습니다. 그래도 "남편에게 칭찬하고 감사해야 합니다. 그래야 부인이 먼저 행복해지고, 부인이 행복해야 남편이 무엇에 힘들어하는지가 보이고, 자신이 무엇을 할 것인가가 보입니다. 지금처럼 미워하고 원망하는 마음을 가지고 있는 상태에서는 부인 주변에 미워할 일, 원망할 일만 생깁니다. 그러니 이러한 상황을 없애려면 지금 제일 미워하는 사람한테 감사해야 합니다. 그러면 급속도로 감사할 일만 생깁니다."라고 하니 지금부터 "남편에게 감사하겠습니다."하고 돌아갔습니다.

집으로 돌아가는 차 안에서 '남편에게 감사합니다.'를 외우기 시작했답니다. 며칠 후 속이 불편해 동네 병원에 갔더니, 큰 병원으로 가보라고 해서 남편하고 같이 가려고 했는데, 남편이 어디를 갔는지 보이지 않아서 화를 내면서 일층으로 내려가 보니 차를 집 앞에 대놓고 화단에 앉아 울고 있더랍니다. "왜 울어?" 물었더니 "당신이 아픈 게 너무 마음이 아파", "눈물이 쏟아져!" 라고 대답했답니다. 그 말을 듣는 순간 '아, 남편은 나를 아끼는 사람이구나.' '나의 행복을 바라는 사람인데 내가 잘못 보았다!'고 하는 마음이 들면서, 자신을 되돌아보게 되었다고 합니다.

그 순간부터 미운 마음은 사라지고 진심으로 남편에게 감사한 생각이 들었고, 남편에게 감사하는 마음을 갖게 된 이후 소비자 클레임도 줄고 매출이 올랐다고 합니다. 남편의 완전함을 보아주면 자신도 완전해지고 환경도 편안하게 됩니다. 가정의 행복과 번영은 어렵지 않습니다. 제일 먼저 내가 완전하다. 그리고 상대도 완전하다고 보아주고 인정하고 말로 표현하면 됩니다.

앵커: 작가님 말씀을 들어보면, 지금까지 우리가 살아온 방식은 인간은 불완전하니 무엇인가를 채워 넣으려고 했는데, 이제부터는 나도 완전하고 상대도 완전하다고 인정하면 모든 것이 제자리를 찾아 행복해져서 탄탄대로를 걷는다는 것이네요.

황수남: 그렇습니다. 행복이란 절대 어려운 것이 아닙니다. 전망 좋은 층에 머물면 되는 것처럼, 모든 인간은 부처로서 훌륭하고 완

전 원만하며 좋은 것뿐이라고 인정하는 것입니다. 그 외에 좋지 않은 것, 불완전한 것은 좋은 것을 선택하라고 삶이 내게 말 걸어오는 것으로 알아차리면 됩니다.

이것이 소통의 본질입니다. 우리들은 자신의 말을 잘 들으면 소통이 잘된다고 하는데, 이것은 일방적이고 상대를 옭아매는 소통이지 서로가 살아나는 소통이 아닙니다. '내가 위대하다.' 이것이 자신과의 소통, '너도 위대하다.' 이것이 타인과의 소통입니다. 그런데 우리들은 나도 완전하지 못한 반쪽이고, 너도 반쪽이다. 이런 가치관을 가지는 한, 평생 행복 근처도 못 가게 됩니다. 너와 나를 비롯한 모든 인간은 훌륭하다! 모두가 부처다! 이래야 삶이 쉬워지고 명쾌해집니다.

앵커: 3271님께서 '힘든 일은 삶이 내게 말 걸어온다는 말씀, 가슴 깊이 새기겠습니다.'라고 문자를 올려 주셨네요. 그런데 코로나 사태처럼 사회가 힘들게 할 때는 어떻게 하나요?

황수남: 나는 또 내 가정은 잘하고 있는데 사회가 우리를 힘들게 할 때도 많이 있습니다. 그럴 때 대개 남을 탓하고 사회를 탓하게 됩니다. 그런데 이때도 사회가 내게 말 걸어오는 것입니다. 다시 말해 사회가 힘들 때 나는 어떤 마음을 낼 것인가? 하는 질문입니다. 4.19, 광주 민주화 운동, 세월호, 코로나…

사회가 혼란스러울 때 나는 어떤 입장을 취할 것인가? 마스크

사재기를 하고 가짜 뉴스를 퍼트릴 것인가, 아니면 힘들어하는 분들에게 손 내밀어 주고 안아주고 봉사, 기부를 할 것인가? 내가 세상에 어떤 기쁨을 줄 것인가에 대한 가치관과 삶의 방향을 정하게 해주는 신호입니다. 이것이 타인과의 소통, 사회와의 소통, 다시 말해 자아실현에 대한 부분입니다.

우리는 사회적으로 성공을 하고 부자가 되어야 자아실현이라 하는데, 그것도 중요하지만 사회가 나를 힘들게 하는 것이 지금 있는 자리에서 이웃과 사회에 무엇을 할 것인가 하는 '존재 이유, 살아가는 이유'를 묻는 것입니다. 좀 더 구체적으로 말하면 '어떻게 살아야 존경받는 사회의 어른이 될 것인가?' 꼰대가 아니라 내가 있기만 해도, 남들이 마음의 평화를 얻을 수 있는 '사회의 어른이 되라.'는 칼날 같은 신호입니다.

그러니 힘든다고 푸념하지 말고 삶이 내게 말을 걸어오는 소리, 내면의 소리를 잘 들어야 합니다.

앵커: 9135님은 '그래서 모든 것에 불성이 있다고 가르쳐주셨네요.'라고 올려 주셨습니다. 그렇지요. 모든 것에 위대한 불성이 있지요. 부부의 날을 앞두고 자신과 소통, 사회와의 소통에 대한 말씀 잘 들었습니다. 끝으로 상담자의 질문으로 돌아가서 시집가는 딸에게 어떤 말을 해주어야 할까요?

황수남: 저도 내년에 딸이 시집을 가는데… "시부모님께 잘해라.

남편 공경해라. 통장 네가 가지고 써라. 처음 외박했을 때 잡아라.”
가 아니라 “딸아, 너는 위대하고 위대한 사람이란다.” 하고 딸이 위
대하다는 것을 힘주어 말해 주어야 합니다. 그런데 이것은 말처럼
쉽지 않으니 딸에게 가르치려 하지 말고 엄마가 먼저 위대하게 사
셔야 합니다.

매일 일상생활에서 사소한 일을 위대하게 처리하면 됩니다. 밥
짓는 것, 청소하는 것, 사람 만나는 것 등 모든 일을 위대하게 하십
시오. 그러면 위대한 사람이 됩니다. 몇 번을 말해도 지나치지 않
는 것이 자신이 먼저 위대해져야 합니다. 딸 걱정하지 말고 엄마가
먼저 행복해야 합니다. 어떤 경우라도 엄마가 행복해야 하고 엄마
얼굴에서 웃음이 떠나면 안 됩니다.

매 순간 웃고 있는 자신에게 제일 먼저 감사하고 남편, 딸에게
감사하세요. 그러면 저절로 행복해지고 자신이 위대해집니다. 딸
에게 백 마디 충고보다 엄마가 감사를 표현하는 마음만 놓치지 않
으면 됩니다. 시간이 없습니다. 지금 바로, 사랑할 수 있을 때 사랑
하세요! 자신을, 남편을, 자녀를, 이웃을, 세상을 사랑하세요. 그러
면 딸은 저절로 훌륭한 삶을 살게 됩니다.

부부의 날을 맞이하여 지금까지 잘 살아주신 이 땅의 부부에게
감사드리고 오늘 이후, 자신의 삶만이 아니라 세상을 환하게 밝혀
줄 부부의 삶에 축복을 드립니다.

그대, 아름다운 사람아! 이왕이면 더 큰 세상을 사랑하여라!

감사합니다.

앵커: 부부의 날을 앞두고 전국에 계신 청취자님께 덕담해 주셨습니다. 작가님께 다시 한번 감사드리고 지금까지 마음 치유 상담소 황수남 마음연구가와 함께했습니다. 감사합니다.

힘든다는 것은 외면으로 향해 있던 마음이 자신의 내면을 보기 시작하는 것이죠. 그렇다면 이는 삶이 내게 말을 걸어오는 것입니다.

그때마다 힘들다고 하고 도망치거나 급하게 그것만 해결하려고 합니다. 그런데 그럴 것이 아니라 그때가 삶이 내게 '너 잘하고 있니?' '진정 너는 누구니?' 하며 말 걸어오는 내면의 속삭임인 것을 알아차려야 합니다. 그것을 알아차리면 힘든 일은 자신을 찾으라는 신호로 바뀌고 더 나아가 축복으로 바뀝니다. 이렇듯이 힘든 일이 없다면 내면의 속삭임, 삶이 자신에게 말 걸어오는 것을 절대로 알 수가 없습니다.

급한 일보다 중요한 일을 먼저 해야 합니다.

《헤어질 때 필요한 것》
딸이 이혼을 하려 해요.

미워하는 마음을 가진 채 이혼을 하면,

다른 사람을 만나도

또 미워하는 결과를 가져와서

불행한 환경 속에 놓이게 됩니다.

# 딸이 이혼을 하려 해요.

> 딸아이가 사위하고 관계가 좋지 않은 것 같더니 급기야는 이혼을 한다고 합니다. 아무리 말려도 같이 못살겠다고 막무가내입니다. 딸아이가 이혼을 하면 하나 있는 손자가 불쌍한데 어떻게 하면 좋을까요?

앵커: 참으로 난감한 상황인 것 같습니다.

황수남: 딸이 이혼을 한다고 하니 그것을 지켜보는 부모님 마음은 많이 아프시겠지만, 오늘 방송을 듣다 보면 해결이 잘 될것입니다. 우선 보내주신 사연을 보면 이혼하지 않고 같이 살게 하고 싶다는 마음과 이혼하면 어떻게 하나? 그리고 손자는 어떻게 할까? 라는 3가지 질문이 있네요.

먼저 이혼에 대해 말씀드리겠습니다. 따님이 이혼을 결심할 정도면 그동안 수많은 문제가 쌓여 있었을 것입니다. 이 문제들을 해결하다 하다 안 되니 이혼이라는 최후의 수단을 선택했을 것입니다. 그런데 이혼 자체는 좋은 것도 나쁜 것도 아닙니다. 그러니 이혼하면 어쩌나 하는 문제보다도 따님이 이혼 후 행복하게 잘 살 것인가를 먼저 생각해야 합니다.

어떤 마음으로 이혼할지를 먼저 고민해야 하는데 우리들은 이러한 고민 없이 덜컥 이혼부터 먼저 해버립니다. 그러면 미운 사람을 안 보니 좋을 것 같지만 금방 똑같은 상황에 놓이게 됩니다. 왜냐하면 마음은 모든 것을 그대로 만들어 내기 때문입니다. 그래서 미워하는 마음을 가진 채 이혼을 하면, 다른 사람을 만나도 또 미워하는 결과를 가져와서 불행한 환경 속에 놓이게 됩니다.

이렇듯이 우리들은 근본적인 마음부터 해결하지 않고, 나타나는 외부의 문제만 해결하려다 보니 평생 문제 속에 살아가게 됩니다. 압력밥솥에 압력이 차면 압력을 찔끔찔끔 뺄 것이 아니라 전기 코드를 뽑아야 단박에 해결이 되는 것처럼, 같이 살아도 행복하고 이혼해도 행복해지는 방법을 선택해야 합니다. 그것은 남편에게 감사하는 마음을 내는 것입니다. 마음을 감사와 밝은 쪽으로 바꾸지 않으면 절대로 좋아지지 않고, 이혼을 해도 불행해지고 같이 살아도 불행해질 뿐입니다. 감사하는 마음을 가지면 같이 살아도 행복하고 이혼을 해도 행복해집니다.

앵커: 감사하면 이혼을 해도 행복해지고 같이 살아도 행복해진다는 말씀 선뜻 이해가 안 됩니다. 그렇다면 이혼 상담 사례 중 감사해서 좋아진 사례가 있나요?

황수남: 예, 실제 사례를 말씀드리겠습니다. 30대 후반의 젊은 부인이 찾아왔습니다. 남편이 결혼하고 몇 년 후 사업을 시작하더니, 얼마지 않아 다른 여자와 바람이 나서 집을 나갔고 빚은 수억이 넘었다고 합니다. 빚쟁이들이 집에 찾아오면 겁이 나서 아이를 데리

고 장롱 속에 숨기도 하는 등 하루하루가 지옥이었다고 합니다. 어쩌다 집에 오면 술에 취해 폭언에 손찌검까지 하니 너무 미워서 이혼하는 것이 소원이라 했습니다. 그래서 상담을 했습니다.

"폭행당한 진단서도 있고하니 이혼하는 것은 쉽습니다. 그런데 아직 이혼할 마음의 준비가 안 되었습니다."

"이혼하는데 무슨 마음의 준비가 필요한가요?"

"지금처럼 미워하는 마음을 가진 채 이혼을 하면 더 좋지 않은 상황을 만들어 냅니다."

"무슨 마음의 준비가 필요한가요? 이미 이혼을 결심했기 때문에 제 마음은 흔들리지 않습니다."

"그런 준비가 아니라 이혼을 하려면 제일 먼저 남편에게 감사한 마음이 일어날 때 이혼을 해야 합니다!"

제 말을 듣고는 상담하러 오신 분이 한참을 저를 쳐다보더니 화를 내면서 "남편에게 감사할 것 같으면 미쳤다고 이혼을 합니까? 그냥 살지, 왜 남편 편을 드세요! 상담을 어떻게 하시는 겁니까?"

"부인, 보세요. 왜 제가 얼굴도 모르는 남편 편을 들겠습니까? 부인이 단번에 잘되라는 특효 처방을 하는 것입니다."

"지금까지 부인은 남편을 미워하는 마음이 많았나요? 사랑하고 인정하는 마음이 많았나요?"

가만히 있더니

"결혼하고 잘 다니던 직장을 그만두고 빚내서 사업을 한다고 하는데 '저러다 망하면 안 되는데' 하는 걱정에 말렸지만, 말을 안 들고 사업을 시작하는데 미운 마음이 들지 사랑하는 마음이 들겠습니까?"

"남편은 사업을 시작할 때 망하려고 한 것이 아니라, 성공을 해서 아내와 자식에게 잘해주고 싶은 마음과 인정받으려는 마음에서 시작했습니다. 그런데 부인은 '저러다 망하지.' 하는 마음에 남편을 못 믿고 계속 미워하고 불평만 했겠죠. 그러니 남편은 더 조급해지고 불안해져서 사업이 더 안 되었던 것입니다. 이런 마음이 지속되는 한 남편은 더 나빠지고 좀 더 지나면 아이들도 나빠지기 시작합니다.

지금 남편은 '여보! 나 외롭고 무서워, 나 좀 인정해 줘. 그리고 당신은 부처이니 부처의 마음인 기쁜 마음, 감사한 마음을 내세요.' 하는 신호입니다. 더 중요한 것은 이러한 마음을 가지고 이혼을 하면 다른 사람을 만나도, 다른 일을 하더라도 지금보다 더 나빠집니다. 그러니 최고로 미운 남편을 상대로 감사한 마음을 내는 연습을 하라는 겁니다. 죽이고 싶도록 미운 남편에게 감사할 수 있다면, 나머지 다른 일에 감사하는 것은 너무나 쉽게 됩니다. 그래야 매사에 감사할 수 있게 되고 주변에 감사할 일만 생깁니다.

그리고 남편의 겉모습은 무능해 보여도 그렇게 보일 뿐이지 실제 모습은 부처입니다. 제가 남편에게 감사하라는 것은 남편의 겉모습이 아니라 남편으로 표현된 부처의 섭리, 부처의 실상에 감사하라는 것입니다. 그러면 남편도 좋아지고 부인도 좋아질뿐더러 아이들까지도 좋아집니다. 이 방법은 이혼을 해도 좋아지고 같이 살아도 좋아지는 섭리, 원칙입니다. 남편에게 감사한 마음이 생길 때 이혼을 하든지 아니면 같이 살던지 하세요."

부인이 한동안 가만히 있더니 "알겠습니다. 남편을 위해서가 아니라 아이들을 위해서 감사하겠습니다." 하면서 돌아갔습니다. 약 2개월 후 이혼할 준비가 되었다고 부인이 다시 와서 하는 말이 "남편에게 감사하기가 죽기보다 싫었지만, 처음에는 아이들 때문에 감사를 했는데 감사를 하다 보니 그동안 남편을 제대로 인정을 하지 않았고 매사에 부정적이었으며, 남편에게 한 번도 감사한 마음을 가져 본 적이 없는 것에 후회가 되었습니다. 남편에게 너무나 미안해서 펑펑 울었습니다."라고 합니다.

"부인, 이제 되었습니다. 남편도, 부인도, 자녀들도 너무나 훌륭합니다. 남편은 부인의 마음이 어디에 있는지 알려주는 부처의 화신이었고 그것을 알아보는 부인 역시 부처입니다. 이제 부인에게는 좋은 일만 생길 것입니다. 부인, 그동안 잘 따라와 주셔서 감사합니다."

그 부인은 이혼했지만 지금은 행복한 삶을 살고 있고, 자식들도 잘되었고 남편도 재기에 성공해서 사업체를 2개나 경영하고 있으며, 자주 왕래도 하면서 잘살고 있습니다. 부인은 "감사하는 마음을 가지고 살아가니 감사할 일만 생깁니다. 그렇다 보니 세상 살아가는데 두려울 것이 하나도 없고 세상살이가 너무나 쉽습니다. 미워하는 마음 하나 감사로 바꾸었을 뿐인데 모든 일이 감사로 이루어집니다. 감사가 저에게는 모든 것을 이루어 주는 도깨비방망이

보다 더 좋습니다."

감사는 사람과 헤어질 때 특히 이혼할 때 필요한 마음입니다.

앵커: 그러면 이혼했다가 재결합한 비율이 궁금합니다.

황수남: 이혼했다가 다시 재결합하는 경우도 종종 있는데 우리나라 통계를 보면 10% 미만입니다. 다시 결합해서 살다가 이혼하는 경우도 많고, 사랑없이 어떤 조건 때문에 살아가는 쇼윈도 부부가 되는 경우도 많습니다. 그런데 마음을 바꾸지 않은 한 우주 끝까지 간다 해도 같은 상황을 또 만들어 냅니다. 이 세상은 마음에 그린 대로 현실 생활에 나타나는 세상이기 때문에, 문제가 생기면 밖을 보는 것이 아니라 항상 마음을 봐야 합니다. 마음을 바꾸지 않고는 절대로 바깥 환경을 바꿀 수가 없습니다.

대개 사람들은 부모 복도 없는 사람이 배우자 복도 없고 자식 복도 없다고 푸념을 하는데, 이는 자신의 팔자가 기구해서나 전생의 업이 좋지 않아서가 아니라, 마음이 변하지 않으니 같은 상황을 그대로 만들어 내어 평생 불행 속에 살게 되는 것일 뿐입니다. 그러니 지금 힘든 상황은 자신의 마음을 밝은 쪽으로 바꾸고 감사한 생활을 하라는 부처의 화신입니다.

앵커: 딸이 이혼하고 나면 손자의 마음이 다칠까봐 걱정이신 것 같은데요. 사실 자녀 걱정에 이혼을 망설이는 분들도 많으실 것 같습

니다. 부부가 이혼하기까지 폭언, 폭력 등에 노출된 아이는, 부부가 싸우는 장면만 봐도 총알이 빗발치는 전쟁터 한가운데 있는 어린 병사가 된다는 말도 있더라고요. 이런 상황에 놓여 있다가 결국에는 이혼을 한 가정의 아이들을 어떻게 키워야 할까요?

황수남: 우리나라에서 편부모 가정의 아이들은 사회적인 시선에서 자유롭지 못합니다. 그러나 편부모 아이라고 다 나빠지는 것은 아니죠. 어떤 상황에서든지 인간은 훌륭해질 수 있습니다.

고구려 건국 신화인 고주몽 설화를 가지고 말씀드려 보겠습니다. 정사正史인 삼국사기에 보면, 금와왕은 태백산 남쪽 우발수에서 하백의 딸 유화를 만났는데, 유화가 말하기를 천제의 아들 해모수가 자기를 유인하여 사통하고는 돌아오지 않아 부모에게 쫓겨나서 우발수에 살고 있다 하므로, 금와왕이 유화를 데리고 와서 궁중에 머물게 하니 알을 낳고 그 알에서 아이가 태어났는데, 활을 잘 쏘아서 주몽이라 했다고 합니다.

이것을 현실적으로 재해석해 보면, 유화가 우발수로 놀러 갔다가 해모수에게 겁탈을 당했습니다. 그래서 유화가 도망을 가려는 해모수를 붙잡고 "아이가 태어나면 아버지가 누군지 찾게 될 것이다. 태어나는 아이를 애비 없는 자식으로 만들기 싫으니 당신 이름이라도 알려 달라."고 하니 해모수는 나중에 자식이 자신을 찾아오지 못하게 하려고 "나는 하늘의 아들이다."라고 거짓말을 하고 도망갔습니다. 그래서 유화는 홀로 아이를 출산하고 남의 집 더부살이를 하며 주몽을 힘겹게 키웁니다.

그런데 주몽이 좀 자라서 아이들과 같이 놀다가 애비 없는 자식이라고 놀리면 울면서 집으로 들어오겠죠. 그때 보통의 엄마 같으면 "때려 주지 뭐했냐?" 또는 "내 팔자가 왜 이래, 겁탈을 당해서 원하지도 않는 아이를 낳고 그 아이마저 놀림을 당해서 울고 들어오기나 하고…" 라고 한탄을 할 건데 유화는 단호하게 "아니야, 네 아버지는 천제의 아들 해모수야! 네 아버지가 천제의 아들이기 때문에 너는 하늘 사람이야! 너는 다른 아이들과는 달라!" 하면서 주몽을 가르칩니다. 주몽을 키우면서 어떤 어려움이 닥쳐도 한 치의 흔들림 없이 "너는 하늘의 적통을 이어받은 하늘 자식이다."라고 가르칩니다.

이 엄마의 흔들리지 않는 믿음이 우리 역사상 최강의 나라 고구려를 세운 동명성왕 고주몽을 만들어 냅니다. 이러한 것처럼 편부모 아이라고 불리한 조건은 하나도 없습니다.

앵커: 유화가 홀로 주몽을 키우기 힘들었을 텐데 교육관이 뚜렷했군요.

황수남: 그럼요. 훌륭한 사람을 키워내는 데는 반드시 훌륭한 엄마가 있습니다. 아이를 훌륭하게 키우는 법을 말씀드리면 '내 아이는 IQ 3333의 무한 천재로 무엇이던지 할 수 있는 무한 능력자, 부처의 자식'이라고 철석같이 믿어야 합니다. 이혼을 했던 사별을 했

던 어떤 경우라도 아이를 혼낼 때도, 좋은 일이 있을 때도 '너는 IQ 3333의 무한 천재, 부처의 자식'이라고 말해야 합니다.

왜 IQ가 3333의 무한 천재인지 살펴보면, 인간의 평균 아이큐가 100 정도인데 뇌 과학자들이 보통의 인간은 본래 아이큐의 3~5% 정도 사용한다고 합니다. 그러면 본래 가지고 있는 아이큐가 얼마인지 알아봐야 합니다. 3%일 때 아이큐가 100이면 인간이 본래 가지고 있는 100%의 아이큐는 얼마일까를 수식으로 만들어 보면

3%: 100=100%: x

양변을 곱하면 3x=10,000

양변을 3으로 나누면 x=3333,

모든 인간은 아이큐 3333의 무한 천재입니다.

여기에 더 중요한 기술을 말씀드리면 "네 아빠라면 이렇게 했을 거야."라고 하며 상상의 아버지를 만들어 그 아버지가 말하는 것처럼 해야 하고, 더 나아가 아버지가 훌륭하다고 믿게끔 해야 합니다. 그런데 우리들은 대개 "네 아빠 닮아서 무능해. 또는 네 아빠 닮아서 제대로 하는 것이 하나도 없어!"라고 푸념처럼 이야기합니다.

자식 농사는 유전 농사와 환경 농사가 있는데, 환경인 밭은 다소 나쁘더라고 유전인 씨앗이 좋으면 농사가 잘됩니다. 그러니 자식을 훌륭하게 키우려면 씨앗인 아버지를 훌륭하다고 해야 합니다. 그리고 엄마들의 큰 실수는 부부관계는 돌아서면 남인 인륜 관계이지만, 부자지간은 끊을래야 끊을 수 없는 천륜임을 무시하는 것

입니다.

즉 엄마들이 자신도 모르게 "네 아버지는 나쁜 사람이야."라고 하는데 이렇게 하면 아이와 아버지와의 천륜을 끊게 되는데 이는 아이를 망치는 일입니다. 그리고 내 아이는 부처의 자식이라는 것을 한 치도 의심하지 마세요. 그러면 어떠한 경우라도 반드시 좋아집니다.

앵커: 우리들이 자신도 모르게 하는 말이 천륜을 끊을 수도 있겠군요. 다시 한번 말의 중요성을 느끼게 됩니다. 그러면 아이들이 건강하게 자라기 위해 부모가 어떤 결혼생활을 해야 하는지 조언해 주신다면은요?

황수남: 부부는 반쪽이 만나서 하나가 된다는 것은 거짓말입니다. 반쪽끼리 만나 하나가 되었다 해도 중간에 금이 남기 때문에 하나가 될 수가 없습니다. 부부는 온전한 하나가 또 다른 온전한 하나를 만나는 것으로 상대를 온전하게 바꾸려는 것이 아니라, 자신이 온전해지려고 노력하는 것이 결혼생활입니다. 이는 '인간이 무엇이냐?'하는 인간관에 대한 문제인데 제 이야기를 말씀드려 보겠습니다.

큰 아이가 태어나기 2주전쯤에 '좀 있으면 새로운 생명이 태어나는데 아버지가 될 준비가 하나도 되어있지 않다.'는 생각이 들어서 깜짝 놀랐습니다. '나는 어떤 아버지가 되지? 아이에게 무엇을 가르쳐야 하나?'하는 고민이 계속해서 머리를 떠나지 않았습니다. 아동학을 전공한 아내의 덕분에 전공 서적을 다 읽어 봤는데 별로 도움이 되지 않았습니다. 그래서 아버지, 어머니께도 물어보고 형, 누나, 선배들에게 아이를 어떻게 키워야 하는지를 물어봤지만 "아이는 알아서 큰다."는 말 정도밖에 들을 수가 없었습니다. 그래서 고민 끝에 아이가 태어나면 어떻게 살 것인가에 대해 제 처와 몇 가지 약속을 했습니다.

첫째는 '아이를 종적 관계로 보지 말고 횡적 관계로 보자.' 였습니다. '아이가 경제력이 없고 사회의 약속이나 규범을 모르기 때문에 부모와 살면서 세상에 적응하는 방법을 배우는 것이지 부모에게 종속된 존재는 아니니, 아이를 완전한 인격체로 보고 친구처럼 대하자.'고 했습니다.

둘째는 '아이와 헤어지는 연습을 하자.' 였습니다. '아이가 자랄수록 아이의 독립성을 인정해 줘야 스스로 살아갈 수 있는 힘을 가지게 된다. 정자가 내 몸과 헤어져 난자와 수정을 하고 아이가 태어날 때, 어린이집 갈 때 또 학교 갈 때 등 헤어지는 연습을 해서, 성인이 되면 완전히 독립을 시켜야 한다. 아이와 헤어지는 연습이 안 되면, 아이에게 끈적하게 눌어붙어 잔소리하게 되고 아이의 인생에 끼어들게 된다. 그러면 절대로 안 된다.'고 했습니다.

셋째는 아이가 태어나면 부부간의 싸움 기술이 달라져야 한다고 했습니다. 싸울 일이 있을 때 그날 일로만, 눈을 보고 존댓말로 싸우자고 했습니다. 흔히 부부싸움을 보면 지나간 일을 들추어서 "네가 잘했느니 내가 잘했느니!" 합니다. 그렇게 싸우다 보면 나중에는 "네 집에서 그렇게 배웠니?"라는 말까지 나오게 되고 격해지면 돌아올 수 없는 강을 건너게 됩니다. '싸움은 그날 일로만 싸우고 존댓말로 싸워야 회복할 수가 있다.' 이 3가지를 약속했습니다.

약속을 지키자면 자신과 상대 그리고 아이에 대한 믿음이 전제되어야 하는데, 첫째 자기 자신이 부처의 자식으로 모든 면에서 천재라는 완전성에 대한 믿음이고, 둘째 남편이나 아내 역시 나처럼 무한한 천재성을 가진 완전함을 믿는 것인데, 부부란 상대의 위대성을 알아가는 것으로 상대의 완전한 불성을 발견하는 것입니다. 이것이 부부로 살아가는 이유이고요.

셋째 아이는 부처의 자식으로 무한천재인 것을 믿는 것입니다. 이것을 전제로 한 부모와 자식간의 만남은 '생명과 생명의 만남, 부처와 부처의 만남'입니다. 저는 이것들을 나름 지키려고 노력을 했고 많은 부분 지켜왔습니다. 일반인들은 어렵게 느껴지겠지만 상대에게 감사하면 위의 모든 것이 이루어집니다.

앵커: 행복한 결혼생활에 중요한 키워드가 감사인 것 같습니다. 그런데 감사하며 살면 좋다는 것은 이론적으로는 알겠는데, 실천이 잘 안되는 것이 사실입니다. 어떻게 하면 지속적으로 감사하며 살 수 있을까요?

황수남: 생각과 마음은 야생마와 같아서 잠시도 돌보지 않으면 어

디로 튈지 모릅니다. 그렇지만 조금만 관심을 갖고 마음을 돌보는 연습을 하면, 아주 순한 양처럼 말을 잘 듣습니다. 그러자면 생활 속에서 훈련이 필요한데 아주 쉬운 것을 알려드리겠습니다.

아침에 일어나자마자 '감사합니다. 감사합니다.' 저녁에 잠자리에 누워 '감사합니다. 감사합니다.' 하면 됩니다. 이것마저도 안된다면 물휴지를 이용해서 감사연습을 하면 됩니다.

앵커: 아침저녁으로 '감사합니다'를 외우는 것 참 쉽네요. 더 쉽게 물휴지로 감사연습을 할 수 있다니 빨리 알려 주시죠.

황수남: 우리 주변에서 손쉽게 볼 수 있는 물휴지 1장을 가지고 하루 일을 시작하기 전에, 자기가 사용하는 책상이나 필기구 또는 자신이 사용하는 물건을 깨끗이 닦으면서 '감사합니다.'를 외우는 것입니다. 책상을 만든 분, 필기구를 만든 분께 감사와 축복하는 것입니다. 지금 당장 해 보시면 주변도 깨끗해지고 덤으로 마음도 깨끗해집니다. 청소는 바깥 환경을 깨끗하게 정리해서 마음을 깨끗하게 정리하는 것인데, 여기에 감사까지 더해서 청소를 하면 깨끗한 마음에 감사가 그대로 입력되는 원리입니다.

좀 더 쉽게 설명하면 몸과 생각은 한 번에 한 가지 일밖에 하지 못합니다. 그러니 '감사합니다.'를 외우면 자신의 마음을 감사로 리셋 시키게 되고, 행동까지 감사로 바뀌게 되는 선순환이 일어나게 됩니다. 지금 당장 감사하세요. 그러면 감사할 일이 주변에 모여와서 좋은 일이 바로 생깁니다.

벌들을 옮기는데 여왕벌을 옮기면 나머지 벌들은 따라갑니다. 이처럼 우리의 삶을 좋은 쪽으로 옮기자면 우리의 중심 얼을 좋은 쪽으로 옮겨야 합니다. 이것을 정신혁명이라 하는데 정신혁명이 일어나면 생활혁명은 반드시 일어납니다. 물휴지 1장으로 정신혁명을 일으켜 보세요. 저는 이것을 '물휴지 1장의 기적'이라 이름을 붙였습니다.

이 방송을 들으시는 불자 여러분들이 먼저 시작해서 정신혁명을 일으켜 이웃들에게 전파한다면, 그들도 생활혁명을 일으킬 것입니다. 진리는 어렵지 않습니다. 진리는 내가 바로 이용할 수 있어야 하고, 진리를 이용하면 생활이 반드시 좋아져야 합니다. 이제는 부처님이 알려주신 진리를 숭배하는 시대가 아니라, 생활에 즉각 적용해야 하는 시대입니다.

물휴지 1장으로 감사하면서 청소를 하면 나비효과가 되어, 자신의 운을 바꾸고 이웃과 사회, 그리고 우리나라의 운을 바꾸게 될 것입니다. 그러면 여러분이 존경받는 사회의 어른이 됩니다. 이 방송을 들으시는 청취자 여러분! 우리가 감사와 청소를 실천해서 존경받는 사회의 어른이 됩시다.

앵커: 끝으로 청취자 여러분께 한 말씀 해주신다면?

황수남: 세상살이가 녹록치 않고 한치 앞도 모르는 캄캄한 어둠 속

에 있는 느낌일 것입니다. 그러나 부처님이 예비하신 세상은 '한치 앞은 어둠이 아니라 빛이 찬란한 광명'입니다. 그러니 남들이 우리에게 손 내밀어 주기를 기다릴 것이 아니라, 우리가 손 내밀어 주고 우리가 그들을 보듬어 주어 존경받는 사회 어른이 됩시다. 이제 우리가 존경받는 사회 어른이 되어야 합니다. 지금 시대는 어른이 필요한 시대입니다.

이 방송을 들으시는 청취자님들부터 시작합시다. 만나는 사람마다 웃으며 "그래, 애쓴다." 하며 등 두드려 주고 보듬어 줍시다. 그러면 너와 나, 아니 우리 모두의 불성이 깨어납니다. 이웃에게 손 내밀어 주고 안아주고 그들의 눈물을 닦아주는 여러분이 되었으면 합니다. 존경받는 사회 어른이 되신 청취자님들 축하드립니다.

감사합니다.

'나의 꿈은 당신의 행복입니다.'

부부란 상대의 위대성을 알아가는 것으로 상대의 완전한 불성을 발견하는 것입니다.

'감사합니다.'를 외우면 자신의 마음을 감사로 리셋 시키게 되고, 행동까지 감사로 바뀌게 되는 선순환이 일어나게 됩니다. 지금 당장 감사하세요. 그러면 감사할 일이 주변에 모여 와서 좋은 일이 바로 생깁니다.

《집착을 없애는 법》
이사가려 해요.

우리 마음은
세상 모든 것을 만들어 내고
시시각각 창조하는
창조주입니다.

# 이사 가려 해요.

> 시골로 이사를 준비 중입니다. 처음엔 다 버리고 몸만 가야지라고 생각했는데 준비를 하면 할수록 생각만큼 버려지지가 않네요. 어떻게 하면 마음도, 짐도 잘 비우고 간소한 삶을 살 수 있을까요?

앵커: 이사를 준비 중이신 분 같은데 이분의 경우처럼 물건을 버리기가 어렵지 않나요?

황수남: 이 문제는 현대인들 대부분이 가지는 문제일 것입니다. 특히 우리나라는 일제치하 36년과 6.25 전쟁을 거치면서 많은 것을 수탈당하고 파괴되었기 때문에, 가난과 결핍에 대한 트라우마가 많습니다. 오죽했으면 인사가 '밥 먹었나?'하는 것일 정도로 가난했거든요. 그래서 우리나라 사람 대부분이 무의식 속에는 물건이 많아야 되고 또 풍족해야 한다는 것이 뿌리 깊게 자리 잡고 있습니다. 늘 물건을 쌓아 놓고 살아야 하고, 무엇인가를 버린다는 것은 생각만 해도 불안하고 심지어 두려워하기까지 합니다. 질보다 양이라고 무엇이든지 많아야 든든하고 또 안심을 합니다. 그래서인지 대다수의 사람들이 물건 버리는 것에 인색하고 힘들어합니다.

앵커: 저 역시도 그렇습니다. 물건을 버리려고 하면 다음에 쓸데가

있을 것인데 하는 생각에 선뜻 버리지를 못합니다. 그런데 말입니다. 버리는 것도 중요하지만 모자랄 때를 대비해서 알뜰살뜰 모아두는 것도 필요하지 않을까요?

황수남: 예, 그렇지요. 필요한 물건을 두는 것은 훌륭한데, 필요한 것만 있는 검소함과 필요하지도 않은데 가지고 있는 인색함은 다르죠. 어쩌면 이것은 집착입니다. 물건에 집착하는 것이 문제인데 물건에 집착하여 버리지 못하는 이유를 보면 대개 놔두면 언젠가 쓰겠지, 이 물건을 버리면 이것에 얽힌 소중한 기억까지 없어지지 않을까 하는 마음과 버리고 난 텅 빈 공간이 싫다는 등 물건 자체가 아니라, 물건에 대해 집착하는 생각 때문에 물건을 쉽게 버리지를 못합니다.

앵커: 물건 자체의 가치 때문에 버리지 못하는 것이 아니라, 물건에 얽힌 생각 때문에 집착한다는 것은 이해가 갑니다. 물건을 아끼는 것과 집착은 다른 것 같은데 이러한 집착은 어떻게 생기나요?

황수남: 쉽게 설명해보면 앵커님이 제게 선물을 줬는데 그 자리서 제가 선물을 PD님께 줬다고 하면 앵커님 기분이 어떨까요?

앵커: 제가 작가님께 선물을 드린 것인데, 제가 보는 앞에서 다른 사람에게 줘 버린다면 제 성의를 무시하는 것 같기도 하고, 또 제

가 작가님을 생각해서 드린 것인데 당연히 기분이 안 좋지요.

황수남: 그렇지요. 그런데 잘 생각해 보면 앵커님이 제게 선물을 주셨다면 그 물건은 제 것이거든요. 제 물건 제 마음대로 남에게 주는 것에 왜 앵커님이 화가 날까요?

앵커: 선생님 좋으라고 드렸잖아요?

황수남: 저는 충분히 좋았고 제가 가지고 있는 것보다 PD님께 드리는 것이 더 좋으니까 아무런 문제가 없지요. 그런데 이 과정을 잘 보면 앵커님이 제게 준 선물이 앵커님 것이라는 것에 마음이 걸려 있기 때문입니다.

　또 다른 예를 한번 볼까요. 우리가 방송을 마치고 기념촬영을 한 후 사진을 볼 때 제일 먼저 자신의 얼굴부터 찾아봅니다. 그리고 사진 잘 나왔다, 그렇지 않다의 기준은 남의 얼굴이야 어떻든 자신의 얼굴만 잘 나오면 사진 잘 나온 것입니다. 자신의 얼굴에만 생각이 가 있거든요. 또 제가 앵커님 사진을 칼로 찢었다고 하면 화가 나지요?

앵커: 그렇지요. 당연히 화가 나지요.

황수남: 인화지일 뿐이고 종이일 뿐인데 화가 나는 것은, 물건과

자신을 동일시했고 내 몸이 자신이라는 착각과 내 몸이 내 것이라는 잘못된 생각 때문입니다. 다시 말하면 물질은 유한하기 때문에 물질을 써 버리면 없어진다는 생각 즉 물질이 물질 자체로 존재한다는 색즉시색色卽是色의 오류 때문인데, 물질이란 마음에서 먼저 만들어지기-색즉시공色卽是空-때문에 물질은 현상세계에 무한대로 나타난다는 공즉시색空卽是色으로 가야 합니다. 정리하면 물질은 개개인의 마음으로 무한대로 만들어 낼 수가 있습니다.

앵커: 물질이 물질 자체로 존재하는 것이 아니라, 마음에서 먼저 형상이 만들어지면 우리가 사는 현상세계에 물질이 모양을 가지고 만들어진다? 조금 어렵습니다.

황수남: 이 부분은 조금 어렵습니다. 예를들어 앵커님하고 저하고 두 명이 있는데 몇 명이 만들어지는지를 보면 본래 황수남, 본래 앵커님, 제가 보는 앵커님, 앵커님이 보는 황수남, 제가 보는 황수남, 앵커님이 보는 앵커님, 이렇게만 해도 6명이 만들어집니다. 누가 봐도 황수남은 황수남, 앵커님은 앵커님인 불변의 존재로 단 2명만 존재한다고 알고 있었는데, 생각으로 각각 다른 6명이 만들어졌습니다.

좀 더 이야기해보면 저는 딸과 아들이 있는데 딸이 보는 아버지, 아들이 보는 아버지는 다른 사람입니다. 분명 저는 하나인데 딸의 생각, 아들의 생각이 다르기 때문에 각각 다른 아버지가 만들어지거든요. 이렇듯이 사람을 비롯한 세상의 모든 물건 역시 각자의 생각대로 마음에서 먼저 만들어지고, 그 마음이 구체화, 구상화, 물질화되어 자신의 환경에 나타납니다.

이렇게 보면 우리는 세상 모든 것을 만들어 내고 시시각각 창조하는 창조주입니다. 그러니 우리가 필요로 하는 것은 반드시 나타나게 되어있습니다. 이것이 부처님이 말씀하신 '마음으로 모든 것을 만들어 낸다는 일체유심조'인데 이 말 한마디로 유한 경제에서 무한 경제로의 대 전환을 알려 주신 것입니다. 이것은 어마어마한 사건입니다.

이 말 한마디로 세상의 모든 것이 바뀔 것입니다. 우리들은 일체유심조를 '이렇게도 생각할 수 있고 저렇게도 생각할 수 있으니 마음 편히 가져라.' 다시 말해 '제법이 공하니 일어난 사건에 집착하지 말아라.' 정도나 아니면 '귀에 걸면 귀걸이, 코에 걸면 코걸이 정도'로 생각하는데 절대로 그런 것이 아닙니다. 또 그렇게 해석해서도 안 되고요. 불교는 믿어야 하는 대상, 숭배의 대상이 아니라 철저한 생활이거든요. 부처님의 말씀을 제대로 이해하면 세상 모든 일이 즉각 좋아집니다.

다시 본론으로 돌아가면 무형의 생각이 물질을 무한대로 만들어 냅니다. 또 생각은 무한대이기 때문에 생각으로 만들어진 물질은 쓰면 쓸수록 늘어납니다. 이렇게 되면 필요한 것을 마음대로 만들어내고 쓸 수도 있으니 물건에 집착할 필요가 없어지겠지요.

앵커: 물건이 유한하기 때문에 집착이 생기는데, 무한대로 물건이 만들어지면 집착할 필요가 없다는 것을 이론상으로는 알겠는데 현실에서는 그렇지 않거든요?

황수남: 그래서 부처님이 기근이 들어 가난해졌을 때 더 탁발하라고 가르쳐 주신 것입니다. 기근이 들어 먹고 살기도 힘들면 그분들이 음식이나 물건에 대해 더 집착을 가질 것입니다. 물건에 집착하는 마음, 다시 말해 물건이 그 자체로 존재한다는 마음을 깨버리신 것이지요. 내놓으면 들어온다는 진리와 필요한 것이 무한대로 주어진다는 위대한 진리를 가르쳐 주신 것입니다. 그리고 이 세상은 무한대로 꽉 찬 세계이기 때문에 물건이 나간 빈 곳을 잠시도 그냥 두지 않고 채워주며, 나가면 반드시 들어오게 되어있습니다. 그러니 물건에 집착하지 말고 나누던지 버리면 반드시 더 좋은 것이 들어오게 됩니다.

앵커: 그렇다 하더라도 버리기가 쉽지 않을 겁니다. 나중에 필요할지도 모르고요. 솔직히 아깝거든요.

황수남: 우리들은 쓸수록 없어진다고 배웠는데 이 세상은 쓸수록 늘어나게 되어있는 세상입니다. 예를 들면 은행하고 저하고 돈을 누가 많이 쓰느냐 하면 은행이 저보다 몇만 배 이상의 돈을 씁니다. 그런데 돈을 더 적게 쓰는 제가 더 빨리 떨어지지 많이 쓰는 은

행은 돈이 더 늘어납니다. 주유소도 기름을 저보다 더 많이 쓰지만 기름이 더 늘어납니다. 이러한 것처럼 마음이든 능력이든 물질이든 쓰면 쓸수록 늘어납니다.

단, 인색한 마음을 버리고 물건에 감사한 마음, 그동안 잘 사용해서 기쁜 마음으로 물건을 쓰면, 반드시 더 좋은 것이 들어오고 또 더 많이 들어오게 되어있습니다. 이것이 진정한 무소유입니다. 아무것도 가지지 않는 것이 무소유가 아니라, 마음속에 이미 다 가지고 있으면서 필요한 것을 마음대로 만들어내고 필요 없으면 저절로 물러가게 하는 것이 진정한 무소유입니다.

이러한 것처럼 집착하는 내부의 마음이 먼저 정리되면, 외부의 환경은 저절로 정리가 되게 되어있습니다. 집착하지 않는 제일의 원칙은

1) 필요하면 물건이 무한대로 나온다.

2) 쓰면 쓸수록 늘어난다.

이것을 알면 물건에 대한 집착이 저절로 없어집니다.

앵커: 이해는 되나 실재로 행동하기는 참 어려울 것 같습니다. 그렇게 되자면 어떻게 연습을 해야 하나요?

황수남: 이러한 마음의 원리에 대한 믿음이 세일 중요하고요. 그다음은 연습입니다. 매일 크고 작은 돈을 쓸 것입니다, 돈은 에너지이고 사랑의 결정체입니다. 그래서 돈을 쓸 때 '돈을 낼 수 있는 나

는 대단한 사람이다.' 돈을 받을 때 '돌아와 주셔서 감사합니다.'라고 마음 연습을 해보십시오. 그러면 물건에 대한 생각도 달라질 것이고 실제로 돈도 더 많이 들어올 것입니다.

앵커: 이제 물건에 대하는 마음 자세에 대해서는 알겠는데 구체적으로 어떻게 해야 물건을 잘 정리할 수 있을까요?

황수남: 먼저 정리 정돈을 하려는 이유가 무엇인지를 알아야 하는데 단순히 이사 때문에 어쩔 수 없이 정리한다는 것에서 탈피해야 합니다. 이사나 결혼, 출산, 입학, 졸업, 사랑하는 사람의 질병이나 죽음 등은 인생의 전환기라고 할 수 있는 큰일이거든요. 이에 맞추어 삶을 전환할 수 있게 정리를 하셔야 합니다. 이사는 자신의 안과 밖을 동시에 정리해 주는 기회입니다.

우선 왜 정리하는지를 적어 봐야 합니다. 잡동사니에 파묻혀 암담해서인지, 재충전할 공간을 확보하기 위해서인지, 지출을 줄이기 위해서인지, 또는 잃어버린 물건을 찾는데 시간을 허비하는 것이 아까운지 등을 적어 보시고, 여기에 해당 되지 않는 것을 추려 내야 합니다. 그리고나서 버릴 것은 버려야 하는데, 정리의 원칙은 버리는데 있는 것이 아니라 중요한 물건을 가려내고, 그것이 있어야 할 공간을 찾아 주는 것입니다.

1단계 분류하기인데 중요한 것이 무엇인지 적고 나서 지금 쓸모 있는 것만 선택하고 비슷한 것끼리 분류하는데, 미루지 말고 눈에 보이는 것부터 속전속결로 바로 시작해야 합니다.

그리고 2단계가 치우기! 치우기를 좀 더 살펴보면, 버리기, 다른 사람에게 주기, 팔기, 보관하기인데 손톱깎기, 안 신는 신발 등 필요 없는 것, 여분의 것은 다 버립니다. 이것은 좀 쉬운데 제일 어려운 것이 값비싼 물건이거나 한 번도 안 쓴 것, 추억이 담겨 있는 것이 문제입니다. 이것들은 다음과 같은 기준으로 생각해 봐야하는데, '이것을 처리했을 때 공간이 생기고 그것을 찾느라 고생할 필요가 없다. 남에게 주던지 팔면 이익이 생기거나 보상이 생긴다.' 등을 생각해 보고 기준에 맞으면 아깝다 여기지 말고 과감히 정리해야 합니다.

그러면 물건을 남에게 주는 데서 남을 돕는 보리심이 생길 것이고, 물건에 대한 집착이 없어지는 것을 체험하게 될 것입니다. 다시 한번 더 말씀드리지만, 이 세상은 한순간도 비어 있는 것을 허락하지 않고 바로 채워집니다. 그러니 나가면 반드시 좋은 것이 들어옵니다. 아, 중요한 팁 하나 더 드리면, 서랍은 3분의 2만 채우고 좀 여유 공간을 두셔야 합니다. 여유 공간이 있어야 마음도 넉넉해지고 다른 것이 쉽게 들어옵니다.

앵커: 이것이 연습이 되면 굳이 정리하거나 버리려고 애쓰지 않아도 저절로 심플라이프가 될 것 같습니다. 이번에 이사하면서 그동안 마음에 무엇을 잡고 있었는지 알게 되고, 물건을 정리하면서 집착하는 마음이 없어져서 훨씬 편안한 삶이 될 것 같습니다. 그

런데 한번 이렇게 하고 나서 정리를 지속적으로 해야 하지 않을 까요?

황수남: 그렇지요. 대단히 중요한 말씀인데요. 지속적으로 하지 않으면 다이어트의 요요현상처럼 다시 본래대로 돌아갑니다. 그래서 매 순간 생활 속에서 마음을 바라보는 수행을 하셔야 합니다. 밥 먹을 때는 밥 먹는 것을 알아차리고 물건을 놓을 때는 물건 놓는 것을 알아차리고, 물건 살 때 사는 것 알아차리는 등 항상 마음이 깨어 있어야 합니다. 그러면 모든 것이 있어야 할 자리에 있고 없을 것은 저절로 오지 않습니다.

매 순간 깨어 있는 수행인데 일반인은 좀 어렵습니다. 그래서 상담 주신 분은 정리하면서 일어나는 생각들을 메모해 보시면 아주 좋을 것 같습니다. 물건 버릴 때 아까운 생각이 일어나는지 후련한 마음이 드는지 등 어떤 생각이 일어나는지 또 그 물건에 얽힌 생각들을 담담하게 적어 보세요. 그러면 마음의 흐름이 명확하게 보여서 삶이 단순해지고 명쾌해집니다. 이것들을 계속 모아 책으로 엮어 작가가 되어 보세요. 그러면 요즘 물건을 버리지 못해 힘든 분들께 큰 도움이 될 것이고, 자신이 훌륭해지는 것을 바로 느끼게 될 것입니다.

앵커: 이사하고 정리하는 것 가지고 수행도 하고 작가까지 된다면, 삶의 대 전환을 맞이하실 것 같습니다. 끝으로 하실 말씀 있으시면?

황수남: 이 세상은 여러분이 창조하신 세상입니다. 여러분이 만든 이 세상을 행복하게 하자면 여러분이 행복해지면 됩니다. 이 세상에는 쓰면 쓸수록 늘어나는 마음의 법칙이 적용되는 세상입니다. 사랑과 감사를 많이 쓰고 행복한 마음을 많이 사용하세요. 그러면 사랑, 감사, 희망, 행복이 늘어나 사랑의 달인, 감사의 달인, 희망의 달인, 행복의 달인이 되어 주변 분들께 사랑, 감사를 많이 받는 분이 될 것입니다.

그래서 여러분이 존재하는 자체로 온 세상을 힐링하는 힐러가 되실 겁니다. 여러분! 행복하십시오. 감사합니다.

마음속에 이미 다 가지고 있으면서 필요한 것을 마음대로 만들어 내고, 필요 없으면 저절로 물러가게 하는 것이 진정한 무소유입니다.

집착하는 내부의 마음이 먼저 정리되면, 외부의 환경은 저절로 정리가 되게 되어있습니다. 집착하지 않는 제일의 원칙은
1) 필요하면 물건이 무한대로 나온다.
2) 쓰면 쓸수록 늘어난다.
이것을 알면 물건에 대한 집착이 저절로 없어집니다.

Part 2

부자 되기

부자 되는 법 1_ **인사를 잘하면 부자가 돼요.**

부자 되는 법 2_ **정직하면 부자가 돼요.**

금전거래 잘하는 법_ **시동생이 돈을 안 갚아요.**

《부자가 되는 법 1》
인사를 잘하면 부자가 돼요.

내안에 이미 있는 부富를 보고,

착한 일을 하고,

좋은 일을 하면,

그 부富는 반드시

나타나게 되어 있습니다.

인사를 잘하면 부자가 돼요.

> 인천 청라에 사는 가정주부입니다. 코로나가 생활의 많은 부분을 바꾸어 꼭 필요한 경우가 아니면 사람을 만나지 않고 나들이도 많이 줄었습니다. 조금 불편한 면도 있지만, 예전보다 혼자 있는 시간이 많아졌습니다. 저는 이 시간을 효율적으로 사용하고 싶습니다. 어떻게 하면 덤으로 생긴 이 시간을 제 삶의 디딤돌로 만들 수 있을까요?

앵커: '시간을 잘 사용하는 사람이 현명한 사람이다.'라는 말이 있는데 작가님, 코로나로 생계가 어렵다, 바깥 활동이 두렵다는 등 모두들 힘든 말만 하는데, 이분은 코로나 덕분에 생긴 여유 시간을 자신의 성장 발판으로 삼으려고 하시는 분이시네요. 생각이 남다릅니다.

황수남: 네, 동일한 사건을 두고 어디를 보느냐에 따라 달라지는 것을 불교에서는 제법이 공空하다고 합니다. 일어난 일은 어떤 성질도 가지지 않고 그냥 일어난 일일 뿐이라는 것으로, 일어난 일을 어떻게 보느냐에 따라 달라지는 것이 일체유심조입니다.

　오늘 이 질문은 상당히 의미있는 질문입니다. 일어난 일을 어떻게 하면 내게 유리하게 만드느냐, 다시 말하면 '살면서 만나는 환경을 어떻게 하면 좋은 쪽으로 만드느냐?' 하는 아주 중요한 질문입니다. 요즘 TV에 보면 '놀면 뭐하니'라는 프로그램이 있는데, 코로나로 생긴 여분의 시간, 어쩌면 노는 시간에 우리 모두의 고민인 부자 되는 마음의 법칙에 대해서 이야기해 보겠습니다.

앵커: 부자 되는 마음의 법칙이라면 저부터 솔깃한 내용인데, 우리가 알기로는 부자가 되자면 남들보다 열심히 일하고 전문 지식 갖추고 운이 좋아야 하고 뭐 이런 내용 아닐까요?

황수남: 보편적으로는 그렇습니다. 열심히 일하는 성실성과 그 분야에 능통한 전문성 그리고 운이 좋아야 하는 것이 맞는 말인데, 그러면 열심히 일하고 공부 잘하고 운이 좋은 사람이 왜 부자가 되고 왜 성공을 할까요?

앵커: 막연히 열심히 일하고 공부 열심히 해서 전문 지식을 갖추면 부자가 되는 줄 알았지, 왜 그런지는 생각을 해 보지 않았네요. 왜 그럴까요?

황수남: 이걸 어렵게 이야기하면 인간의 본질 즉 나는 누구인가를 이야기해야 하는데, 쉽게 말하면 '인간에게는 좋은 것뿐이다.'라는 것입니다. 게으른 것보다는 부지런한 것, 무식한 것보다는 전문성 갖추는 것이 좋은 것이거든요. 인간 안에 이미 들어있는 좋은 것을 추구하면 좋은 것이 자연스레 환경에 나타납니다.
좋은 것만 인간 안에 있으니 좋은 것인 부지런한 것, 전문성을

갖추는 것, 운이 좋은 것 등을 추구하면 부자가 되는 것입니다. 인간 안에는 이미 좋은 것만 있다. 부처, 하나님, 알라 등이 있다는 것을 알아차리는 것을 자아 발견이라 하는데, 저는 이것을 '인간은 아이큐 3333의 무한 천재, 무한 능력자'라고 쉽게 말하는 것입니다.

앵커: 그래서 작가님이 끊임없이 인간은 모두가 아이큐 3333의 무한 천재라고 말씀하시는군요. 그것은 알겠는데 그럼 부자가 되자면 구체적으로 무엇을 해야 하나요?

황수남: 대단히 좋은 질문입니다. 앵커님의 말씀은 세상이 어떻게 만들어지는지에 대한 것입니다. 조금 전에 말씀드린 '인간 안에는 좋은 것만 있다.'라는 것은 존재, 본질, 실재를 이야기하는 것입니다. 실재實在란 있는 것을 말합니다. 이 세상은 이미 있는 것이 물질화되어 나타나는 것이지 없는 것이 나타날 수가 없습니다. 부富 역시 마찬가지입니다. 그런데 이미 있는 부를 우리 주변에 나타나게 해서 실생활에 누리는 것이 중요하지, 부유함이 이미 있다고 아는 것은 의미가 없습니다. 있는 것을 생활에 나타나게 하는 데는 방법이 필요합니다. 지갑 속에 돈이 억만금 있어도 돈이 있는 것을 모르면 쓸 수가 없는 것처럼, 그 방법을 모르면 그것을 누리기가 힘이 듭니다. 이미 있는 것을 우리 주변 환경이 나타나게 하는 것을 불교에서는 '일체유심조', 기독교에서는 '말씀', 저는 '마음의 법칙'이라 합니다.

마음의 법칙에는 보는 대로 만들어지는 법칙, 유유상종의 법칙, 베풀면 베풀어지는 법칙, 쓰면 쓸수록 늘어나는 법칙, 원인 결과의 법칙, 정반동의 법칙 등 6가지가 있는데, 그중 보는 대로, 관觀하는 대로 만들어진다는 법칙을 불교에서는 관세음, 관자재라고 합니다. 세상의 소리, 세상의 모든 파동을 자유롭게 본다는 것인데, 이를 현대식으로 풀이하면 보는 대로 만들어진다는 것입니다. 즉 좋은 것을 보면 좋은 것이 나타나는 것을 말합니다.

내 안에 이미 있는 부富를 보고, 착한 일을 하고, 좋은 일을 하면, 그 부는 반드시 나타나게 되어 있습니다.

앵커: 관세음보살 할 때 관세음이 그런 뜻이었군요. 이 세상은 보는 대로 만들어진다는 말씀, 이론상으로는 쉬운데 구체적으로 무엇을 보고 무엇을 해야 하나요?

황수남: 본다는 것은 인정한다는 것입니다. 자신 안에 좋은 것이 있다고 인정하는 것이 제일 먼저이고, 남들에게도 좋은 것만 있다고 인정하는 것입니다. 좀 더 쉽게 이야기하면, 내가 부처면 남들도 부처라고 믿는 것입니다. 그래서 내 안에 있는 좋은 것을 인정하고, 말로 표현하면 현실 생활에 좋은 것이 만들어져 나타나는데 여기까지는 이론입니다.

그런데 이론이 중요한 것이 아니라 현실 생활에 부富를 나타나게 하는 것이 중요합니다. 부富를 제일 쉽게 현실 생활에 나타나게 하는 것이 인사입니다. 인사란 그냥 '안녕하세요?' 하는 것이 아니라 인간 대 인간, 인격 대 인격, 다시 말하면 자신의 위대한 생명이 상대의 위대한 생명을 만나 축복하고 찬탄하는 행위이거든요. 참으로 고귀한 인격자는 상대도 고귀한 인격자라고 알고 있으며, 상대의 불합리나 불완전을 보지 않고 상대가 완전 원만하고 선한 존재, 좋은 것만 가지고 있는 훌륭한 존재, 부처임을 알기 때문에 저절로 그 인격 앞에 고개가 숙여지는 것이 인사입니다.

사람과의 인사에서 상대를 사랑하고 선善으로 대하는 자신의 내면이 고스란히 드러나게 됩니다. 인사를 잘하는 사람에게 사람이 모이는 것은 '나는 당신을 존경합니다.' '나는 당신을 사랑합니다.'라는 호의를 베푸는 예배이기 때문에, 사람이 모이고 좋은 정보가 흐르며 부자가 되는 것입니다. 그래서 인사만 잘해도 부자가 됩니다.

앵커: 인사의 의미가 이렇게 큰 줄 몰랐습니다. 인사란 인간 대 인간, 인격 대 인격, 다시 말하면 자신의 위대한 생명이 타인의 위대한 생명을 만나 축복하고 찬탄하는 행위라고 인사를 규정하시는 분은 아마 작가님이 처음이지 싶습니다. '인사만 잘해도 부자가 된다.' 이거 너무 쉬운 것 아닌가요? 그렇다면 부자가 안 될 사람이 아무도 없을 것 같습니다. 진짜 그렇게 되나요?

황수남: 그럼요. 이는 검증된 것입니다. 인사는 상대의 장점을 보는 행위입니다. 태양에는 어두운 흑점도 있지만 아무도 태양의 흑

점을 말하거나 보지 않고 '태양은 밝다.'라고 하는 것처럼, 상대의 장점을 보면 내 마음이 편안해지고 행복해집니다. 다시 말해 상대의 장점을 보면 자신이 제일 먼저 행복해집니다. 미소를 머금은 인사, 정성을 다하는 인사가 사람을 감동시키는 것은 인격 대 인격의 만남, 생명 대 생명의 만남이기 때문에 그렇습니다. 만나는 모든 사람에게 정성을 다해 인사를 해 보세요. 세상이 분명히 달라질 것입니다.

우리나라는 올림픽과 월드컵을 개최하면서 확연히 달라진 것이 있습니다. 바로 친절하게 인사를 잘하는 것입니다. 예전에는 관공서 같은 곳에서도 상당히 불친절했고, 같은 아파트에 사는 주민이라도 엘리베이트를 타면 멀뚱히 딴 곳을 쳐다봤습니다. 이제는 많이 달라져서 인사를 잘합니다.

앵커: 작가님 말씀을 듣고 보니 고객만족, 친절이라는 말이 올림픽과 월드컵이라는 국가적인 행사를 치르고 난 후 많이 대두된 것 같습니다.

황수남: 예, 맞습니다. 이때부터 우리나라 전체의 운이 바뀌기 시작했습니다. 잘 관찰해 보면 선진국 사람들은 만나는 사람마다 웃으며 인사를 하는데, 후진국 사람들은 웃으며 인사를 하면 "당신 나 알아?" 하며 따지거나 화를 내는 경우도 있습니다. 우리나라도 인사를 잘하고부터 선진국으로 도약을 하기 시작했고, 이제는 경

제적으로 선진국만이 아니라 의식에서도 선진국이 되었습니다.

코로나 국면을 맞이해서 우리가 침체되어 있을 것이 아니라 웃으면서 인사를 잘한다면, 내면의 힘이 드러나서 다시 한번 더 도약할 수 있거든요. 힘들 때 웃으며 인사 잘하는 것이, 내 생활에 좋은 것을 불러오고 부자도 되게 할 것입니다. 요즘은 기업체나 공무원 신입사원 교육에 필수과목으로 인사예절이 들어 있습니다. 웃으면서 '안녕하세요!' 하는 것은 상대에게 안녕과 축복, 사랑을 베푸는 것이기 때문에 자신이 먼저 풍요로워집니다.

그러면 제가 실제 사례를 말씀드리겠습니다. 상계동에 사는 백 모씨는 고향 후배인데 자동차 판매 전국 1위를 몇 년째 하고 있습니다. 군 제대 후 한 달 먹고 살 돈을 가지고 서울로 상경했습니다. 그런데 20대 초반에 서울 와 보니 먹고 사는 것이 만만치 않았다고 합니다. 이것도 해보고 저것도 해 봤지만 잘 되는 것이 하나도 없었다고 합니다. 기본급을 준다 해서 자동차 판매사원으로 입사를 했는데, 몇 달이 지나도 차를 한 대도 팔지 못했습니다.

더 이상 할 수 있는 것이 없어서 막막하던 차에, 갑자기 인사라도 잘해보자는 마음이 들었답니다. 그래서 그날부터 정성을 다해서 인사를 했답니다. 인사를 할 때 마음속으로 '감사합니다. 감사합니다.'를 몇 번 외우고 허리를 폈다고 합니다. 그러니 몇 초가 걸리겠죠. 상대는 고개를 들어보니 아직 고개를 숙이고 있으니 몇 번 숙이고 펴고 하게 됩니다. 상대가 숙연해져서 왜 이렇게 인사를 오래 하는지 물어보니, 자신에게 시간을 내주어 너무나 기쁘고 감사해서 그랬다고 대답했다고 합니다. 정중히 인사하는 모습을 보면 상대는 달라집니다. 그 이후 판매가 순조롭게 이루어지고 전국 상위권에 오르고 몇 년을 판매왕 자리를 지키고 있다고 합니다.

앵커: 인사를 잘해서 전국 판매왕이 되었다는 말씀, 일리가 있는 것 같습니다. 상대가 웃으면서 마음을 다해 인사를 한다면 마음이 열릴 것 같습니다. 지금부터라도 인사를 잘 해야 할 것 같습니다.

황수남: 그럼요. 우리가 늘 하는 인사이기 때문에 그리 어렵지 않습니다. 여기에 미소와 마음만 더 보태면 됩니다. 인사란 상대를 축복하고 사랑하는 것입니다. 축복과 사랑은 상대의 진면목을 보는 것, 인정하는 것이거든요. 이것이 바로 관세음보살입니다. 남편을 사랑하는 것은 남편을 관세음보살로 보는 것이고, 아내를 사랑하는 것은 아내를 관세음보살로 보는 것, 이웃에 인사를 잘하고 사랑하는 것은 이웃을 관세음보살로 보는 것입니다. 그래서 우리 모두가 풍요로워지고 행복해지는 첫걸음이 정성스러운 인사에 있다고 생각을 합니다.

　이번에는 일본의 사례를 들어보겠습니다. 일본의 자그마한 시골 관광지에 여관이 여러 개 있었는데, 그중 한 여관은 손님이 끊이지 않았습니다. 그 이유를 보면 손님들이 여행 끝나고 돌아갈 때 보통은 '안녕히 가세요.' 인사를 하고 마는데, 이 여관 주인에게는 조금 다른 면이 있었습니다. 손님을 태운 차가 한참을 날려 산모퉁이를 지나가는데, 손님이 '와, 저기 봐라! 아직도 주인이 손을 흔들고 허리 굽혀 인사를 한다.' 하며 환호성을 지르더랍니다. 이것이 소문나서 연일 호황을 이룬다고 합니다. 인사 잘하고 친절한 곳에 사람들이 모이게 되는 것은 당연한 이치입니다.

앵커: 그것이 마음이 통한다는 것 아니겠습니까? 인사가 중요한 것을 새삼 느낍니다. 작가님 말씀을 들어 보면 인사란 단순히 '안녕하세요!' 하는 것이 아니라, 인격과 인격의 만남으로 상대를 사랑하는 고귀한 행위인 것 같습니다. 상대를 사랑하니 당연히 사람들이 모이고 그러다 보면 부자가 될 것이고… 그러고 보면 부자 되기 참 쉽습니다.

황수남: 그럼요. 우리가 부자가 된다고 하면 부모의 재산을 받거나 재수가 좋아야 한다고 생각하는데, 그것보다는 남에게 기쁨을 주는 것이 제일 확실하고 빠릅니다. 진심을 담은 인사만 잘 해도 반드시 부자가 됩니다. 방글방글 웃으면서 하는 인사는 남에게 기쁨을 주거든요. 남에게 기쁨을 많이 주는 개인이나 단체는 잘 될 수밖에 없습니다. 백화점에 가면 주차나 안내하시는 분들이 손을 흔들면서 인사를 합니다.

이 인사법이 시작된 곳은 에버랜드입니다. 인형 탈을 쓰고 일을 하시는 분들이 너무 힘이 들어 동료들끼리 힘내라는 암호였습니다. 그런데 이를 본 관람객들이 기뻐하게 되고, 관객들이 늘어나게 되어, 전 직원에 확산되고 전국에 퍼지게 된 것입니다. 백화점이 일반가게 보다 장사가 잘되는 이유는 인사를 잘하느냐 아니냐, 친절하냐 불친절하냐의 차이, 결국 고객에게 기쁨과 만족을 주느냐 아니냐의 차이입니다.

앵커: 그렇군요. 인사만 잘해도 부자가 된다는 것을 깨달았습니다. 끝으로 청취자님께 하실 말씀 있으시면 해주십시오.

황수남: 지금 '코로나'라는 큰 변화를 마주하고 있는데 변화가 기회를 만들어 줍니다. 변화가 없다면 가난한 사람은 가난한 채로 부자는 부자인 채로 끝이 납니다. 이 위기와 변화를 기회로 만듭시다. 위기를 기회로 만들자면 마음의 준비를 해야 합니다. 준비된 자만이 기회를 기회인 줄 아는 혜안이 생깁니다. 이집트 신화에 보면 '기회'는 뒷머리가 없는 대머리입니다. 한번 지나가면 잡을 수가 없습니다. 기회가 앞에 왔을 때 꽉 잡아야 합니다. 지금이 기회입니다. 기회는 사람과의 만남에서 오니 사람과의 만남에서 기회를 잡아야 합니다. 만나는 모든 사람이 귀인이고 부처입니다.

　그 귀인을 귀인답게 만들자면 제일 먼저 미소를 머금고 '안녕하세요.' 하며 인사를 해 보세요. 이 인사가 상대를 귀인으로 만들고 자신을 귀인으로 만들어 줍니다. 나에게서 좋은 것이 나갔으니 상대에서도 좋은 것이 나옵니다. 귀인에게는 좋은 것뿐이니 의심치 말고 감사와 축복의 인사를 보내십시오. 그러면 감사할 일, 축복받을 일만 생깁니다.

암울한 시기, 우리 불교 방송 청취자님들이 귀인이 되어 세상 사람들에게 먼저 인사를 합시다. 그러면 개인의 운이 바뀌고 우리나라 전체의 운이 바뀝니다. 이것이 선 순환이 되어 이 세상은 귀인만 사는 세상, 부처만 사는 세상이 될 것입니다. 세상을 향해 '안녕하세요!' 하고 밝게 인사를 하시는 여러분이 세상을 살리는 무한부자, 귀인입니다.

여러분, 사랑합니다!

사람과의 인사에서 상대를 사랑하고 선善으로 대하는 자신의 버면이 고스란히 드러나게 됩니다. 인사를 잘하는 사람에게 사람이 모이는 것은 '나는 당신을 존경합니다.' '나는 당신을 사랑합니다.' 라는 호의를 베푸는 예배이기 때문에, 사람이 모이고 좋은 정보가 흐르며 부자가 되는 것입니다. 그래서 인사만 잘해도 부자가 됩니다.

이집트 신화에 보면 '기회'는 뒷머리가 없는 대머리입니다. 한번 지나가면 잡을 수가 없습니다. 기회가 앞에 왔을 때 꽉 잡아야 합니다. 지금이 기회입니다. 기회는 사람과의 만남에서 오니 사람과의 만남에서 기회를 잡아야 합니다. 만나는 모든 사람이 귀인이고 부처입니다.

《부자가 되는 법 2》
정직하면 부자가 돼요.

양심이 생활로 나타나면
정직이 됩니다.
그래서 공감의 제일 근본은
정직입니다.

정직하면 부자가 돼요.

저는 김포 고촌에서 10여 년째 국화꽃 농장을 운영하고 있습니다. 농사 일을 하다 보니 세상 돌아가는 것이 조금 둔하게 느껴졌고 그저 일하는 재미, 꽃 키우는 재미로 살고 있었습니다. 그런데 이번 코로나 사태로 세상이 너무나 급변하는 것을 느낍니다. 한 두어 달 사람들 안 만나고 외식 자주 안 한 것뿐인데, 온통 세상이 먹고 살기 힘들다고 합니다.
농사짓는 나는 큰 피해가 없어 괜찮다고 생각했는데, 이웃들은 그렇지 않나봅니다. 꽃이 홀로 피는 것이 아니라 함께 피어나듯이, 나만 잘 먹고 잘 살면 되는 줄 알았는데 이제는 이웃이 보이기 시작하고, 함께 살아야 한다는 것이 제 삶의 큰 변화입니다. 이런 급작스런 변화의 시기에 어떤 마음으로 살아야 할까요?

앵커: 코로나로 인하여 너무나 큰 변화들이 있습니다. 겉으로 드러난 변화도 있지만 우리들의 삶에 근본적인 변화는 어떤 것들이 있을까요?

황수남: 내외적으로 큰 변화가 있겠지만 외부적으로 크게 보면 미국, 일본, 독일 등 선진국이 이끌어 왔던 세계 질서가 재편되는 것같습니다. 질문자가 말씀하신 것처럼, 약 두어 달 사람 안 만나고 소비 안한 것 같은데 전 세계 경제가 흔들흔들하거든요. 이것은 어찌 보면 지금까지 우리가 믿고 살던 선진국이라는 나라들 그리고 자본주의 세계가 허상인지도 모른다는 것입니다.

그리고 참 다행한 것은 이러한 세계적인 위기에 우리나라가 의료표준국이 되었고, 전 세계가 한국을 닮자고 하는 것이 제일 큰 변화입니다. 우리들 각각의 삶에서는 이웃과 함께 살아야 한다는 마음, 이웃을 돌보고 사랑하는 마음이 크게 부각될 것이고, 인터넷 수업 등 인터넷 기반으로 한 삶이 우리들의 일상생활이 될 것입니다.

앵커: 어제가 선거였는데 코로나 중에 선거를 치른 나라는 우리나라가 유일할 것입니다. 세계적인 위기에 잘 대처한 정부, 의료진, 국민 모두 대단하다는 것을 느끼고 다시 한번 감사드립니다. 제 바람이지만 의료표준국이 된 김에 코로나 이후 경제회복 표준국이 되었으면 합니다.

황수남: 앵커님, 정말 대단하십니다! 의료표준국 이후 경제회복 표준국이 되기를 바라는 기대, 정말 좋은 말씀이시고 우리가 힘을 모아 이루어내야 하고 또 반드시 그렇게 될 것입니다. 지금의 상황을 조금만 관심있게 보면, 세계 질서가 바뀐다는 것을 어렴풋이 느낄 것입니다. 일본은 몇 년 전에 핵발전소 붕괴사태 때 대처가 허둥지둥하고 숨기기 바쁜 것을 보았을 때, 그들에게는 이미 희망이 없다는 것을 느꼈습니다.

미국은 다른 나라를 도와주면서 세계경찰 역할로 빅브라더 행세를 했는데, 트럼프가 남이야 죽던 말든 자국 우선주의를 표방하는 것은 미국의 힘이 예전만 못하다는 증거죠. 그것이 이번 사태에 미국의 허약함으로 여실히 드러났습니다. 우리가 그렇게 따라 하기를 원했고, 우상처럼 받들던 선진국의 모습을 보고 의아했습니다.

앵커: 저도 사실 많이 놀랐습니다.

황수남: 그렇죠. 이게 뭐지? 하는 마음, 그리고 어느 나라를 롤 모델로 삼아야 할지를 모르는 것에 공허함을 느꼈습니다. 어쩌면 지금이 세계 시대사조의 변화, 다시 말해 공산주의 몰락 이후 민주주의가 변해가야 할 방향성이 정립되어야 하는 시기입니다. 이러한 변화의 원인을 잠깐 이야기해보면, 자기만 알고 부분만 아는 미분주의가 힘을 잃고 질문자의 말씀처럼, 이웃을 보고 전체가 함께 성장하기를 바라는 적분주의 철학이 힘을 얻고 있다는 것을 보여주는 것이거든요. 앞으로의 시대는 함께, 전체라는 환원주의, 적분주의 철학이 세계를 이끌어갈 것입니다.

우리나라는 오래전부터 두레, 향약, 계, 품앗이 등 전체를 아우르는 것들이 생활 속에서 이루어져 왔고, 널리 남을 이롭게 하라는 홍익인간 이화세계의 국조이념이 유전인자 속에 깊이 있거든요. 그래서 앵커님 기대처럼 이번이 정말 우리나라가 진정한 선진국으로 자리매김할 절호의 기회이고, 세계를 이끌어갈 찬스입니다. 그러자면 우리 국민 모두의 마음인 집단지성과 각각의 생각이 정말 중요합니다.

앵커: 작가님 말씀 들어보면 우리나라가 선진국이 될 것 같습니다. 우리들은 위기 때마다 서로 도와 일어섰습니다. 그것의 원동력은 두레, 향약, 계, 품앗이 등에서 나왔고, 우리 민족의 DNA 속에 깊이 있기 때문이라고 생각을 합니다. 우리나라가 경제회복 표준이 되기를 위해서는 어떤 마음이 필요할까요?

황수남: 이것은 무엇을 추구하며 살아야 할까 하는 삶의 방향성에 대한 질문입니다. 앵커님의 질문은 우리가 추구하는 것, 다시 말하면 왜 사느냐에 대한 것이거든요. 그러자면 변하지 않는 불변의 것, 항상 존재하는 실재를 추구해야 삶이 공허해지지 않습니다. 변하는 것을 추구하면, 설사 그것을 얻었다 해도 또 변해 버리니 삶의 방향성을 잃어버리게 됩니다. 그래서 우리들이 추구해야 할 것은 변하지 않는 절대의 가치를 추구해야 합니다.

매년 2월 셋째 주 일요일은 태평양 고래재단이 만든 세계 고래의 날입니다. 기후 변화와 고래의 생존 위협에 대해 알리고 고래의 생태를 걱정하는 날입니다. 그런데 정작 고래는 사람들이 자신들을 생각하는지 모릅니다.

앵커: 하하, 고래는 모르죠.

황수남: 고래는 당연히 모릅니다. 그런데도 사람들은 고래의 생존과 개체 수 감소에 대해 걱정을 하고 안타까워하며 이것을 어떻게

해결할까 하고 고민을 하는데 이를 공감이라고 합니다. 인간은 인간만이 아니라 세상 모든 것들을 보고 공감을 합니다. 이것은 인간만이 가진 인간의 본질이고 인간만이 가지는 절대가치입니다. 세상 만물의 안위와 안녕을 같이 느끼고 공감하는 이 마음을 회복하는 것이 제일 중요하다고 생각을 합니다.

앵커: 정작 고래는 고래의 날에 사람들이 자신을 위하는지 모르지만, 인간은 고래의 안위에 공감을 해서 무엇인가 한다는 말이 가슴에 크게 와 닿습니다. 사람들은 서로에게 공감한다는 것은 알겠는데 구체적으로 무엇을 공감한다는 말인가요?

황수남: 공감을 한다는 것은 좋은 것을 함께 느끼는 것을 말하지, 좋지 않은 것, 나쁜 것, 죄나 악, 가짜에 대해서는 서로 공감한다고는 하지 않습니다. 공감이란 좋은 것, 진짜, 아름다운 것, 선한 것 다시 말해 인간이 본래부터 가지고 있는 내재가치, 진짜, 참眞을 같이 느끼는 것을 말합니다. 내재가치인 참이 나타나면 착하게 보여서 선善이 되고, 선한 것은 보기 좋아서 미美가 되는 것입니다. 그래서 우리가 서로의 아픔, 서로의 훌륭함을 공감하면 진선미의 훌륭한 삶이 됩니다.

　이것이 우리의 삶의 기준, 대인對人관계, 대물對物관계의 기준이 되어야 합니다. 이 기준으로 세상을 사는 것을 양심이라고 하고, 양심이 생활로 나타나면 정직이 됩니다. 그래서 공감의 제일 근본은 정직입니다. 정직은 내면의 소리 즉 양심이거든요. 양심을 따를 때 정직이 나와서 훌륭해지고, 따르지 않을 때 죄가 나오게 되고 더 나아가 거짓이 나오게 됩니다.

우리의 삶을 잘 보면 타인의 어려운 삶이나 좌절에 공감하지 못할 때, 양심의 가책을 느끼게 되고 마음이 위축되며 양심의 가책을 숨기려고 더 좋지 않은 일을 하게 됩니다. 그래서 인생이 뭐가 뭔지 모르게 되는 거짓의 인생, 가짜의 인생, 허무한 인생이 됩니다.

앵커: 양심의 가책을 느끼지 못하게 되면 당연히 가짜 인생을 살게 되겠죠.

황수남: 그렇죠. 그렇게 살면 스스로도 못믿고 남들도 믿지 못하게 됩니다. 그래서 개인이나 사회, 국가가 병들게 되는 것입니다. 지금의 세계가 증명해 주고 있습니다. 가습기 살균제 사건의 옥시가 그랬으며, 고작 57센트 짜리 자동점화장치를 속이려던 GM이 그랬으며, 로마가 망했고 폼페이가 망했습니다. 숨기기에 급급한 일본과 힘으로 윽박지르기만 하던 나라들이 힘을 잃고 있거든요. 그래서 이번 사태로 '나만 잘살면 끝이다.'라는 가짜의 삶에서 타인도 돌아보는 공감, 더 나아가 정직을 회복해서 진짜의 삶을 살아야 합니다.

앵커: 좋은 말씀이네요. '나만 잘살면 끝이다.'라는 가짜의 삶에서 타인도 돌아보는 공감과 정직을 회복해서 진짜의 삶을 살자는 말

씀, 가슴에 새기겠습니다. 그런데 정직이라는 말은 누구나가 알고 있지만 정작 정직하기가 어렵지 않나요?

황수남: 어렵겠지만 실수나 잘못을 정직하게 드러냈을 때 마음이 편안해지고 그 자리서 진정한 힘이 바로 나타나게 됩니다.

실례를 들어보겠습니다. 구로 디지털 단지 내에 있는 한 식당은 줄을 서서 기다릴 정도로 언제나 사람이 붐빕니다. 그 식당은 맛이 특별한 것도 아니고 시설이 남 다른 것도 아닌데도 대박집이 되었습니다. 하루는 손님 밥에서 머리카락이 나왔습니다. 대개의 식당은 다른 사람 안 듣게 조용하게 사과를 하던지 밥값을 안 받던지 하는데, 이 식당은 주인이 전 직원을 홀로 데리고 나와 서게 하고 주인이 "죄송합니다. 우리 식당에서 생겨서는 안 될 일이 생겨서 너무나 죄송합니다." 면서 바닥에 엎드려 큰 절을 하고, 그 식당에 계신 모든 분들 식대를 받지 않았습니다. 그때 식당에 계신 분들이 사진을 찍어 SNS에 올렸습니다. 이것이 소문나서 대박집이 되었습니다. 이처럼 정직이 인간에게 이미 내재하는 진짜의 실존 가치를 겉으로 나타나게 해서 부자가 되게 하는 것입니다.

앵커: 듣고 보니 일리가 있는 말입니다. 저라도 그런 주인이라면 그 집을 신뢰하고 입소문을 낼 것 같습니다. 잘못이나 실수를 숨기게 되면 죄가 되지만, 그것을 솔직하고 정직하게 나타내면 그 자리서 좋은 것이 나타나게 되는군요.

황수남: 네, 먹구름이 태양을 가려 어둡지만 그렇다고 태양이 없는 것은 아니거든요. 죄나 거짓은 진짜를 가리고 있는 허상이기 때문에, 정직하게 표현하면 저절로 소멸하게 되어 진짜인 참가치가 나오게 되어 있습니다. 이를 기독교에서는 회개라고 합니다. 예수님이 제자들에게 '회개하라, 천국이 가까이 왔다.'라고 했는데, 영문을 보면 'Repent, for the kingdom of heaven is at hand.'라고 되어 있습니다. 여기서 at hand는 서서히 온다는 것이 아니라 '지금 바로, 내 손안에 있다.'라는 이야기거든요, 실수나 죄를 숨기지 않고 정직하게 나타냈을 때 진짜의 자기가 나와서 바로 좋아집니다.

라디오 방송에 나온 이야기인데요. 2년 전에 광주에 사시는 분이 가방을 주워 열어 보니, 현금 1,300만원이 들어 있어서 주인을 찾아드리라고 구청에 맡겼다고 합니다. 한참 후 주인이 나타나서 사례를 한 후 집에 돌아가서 곰곰이 생각해 보니, 요즘 시대에도 정직하고 마음이 따뜻한 분이 계신 것이 너무 고맙더랍니다. 그래서 가족회의 끝에 가족들이 3,700만원을 더 보태 이웃돕기 하라고 5,000만원을 기부했다고 합니다. 정직은 자신만 살리는 것이 아니고 타인도 살리며 서로 공감하는 세상으로 밝게 빛나게 합니다.

앵커: 말만 들어도 기분이 좋아집니다. 나 하나의 정직이 이렇게 남과 사회를 살리는군요.

황수남: 그럼요. 이것은 변하지 않는 본질, 불변의 가치가 모두에

게 들어 있기 때문에, 나 하나의 정직이 남들과 공감을 해서 증폭되어 세상을 살리게 되는 것입니다. 코로나를 기점으로 우리가 반드시 바꾸어야 할 것이 있습니다. 전 세계 전범 국가로 독일과 일본이 있습니다. 독일은 그들의 과거를 정직하게 인정하고 사과를 하는데 일본은 아직도 숨기고 있습니다. 이런 것을 보면 일본은 미래가 없습니다. 그런데 몇 년 전에 정의로운 나라 독일의 폭스바겐이 배출가스를 조작해서 세계적인 문제를 일으킨 적이 있었습니다.

그런데 이상하게 미국과 우리나라에 대한 대응법이 달랐습니다. 우리나라가 힘이 약해서라고 하는데 그렇지 않습니다. 힘이 세든 약하던 정의롭고 정직한 독일의 대응법은 같아야 합니다. 그런데 대응법이 달랐던 이유는 우리국민이 정직하지 않고 도덕적이지 않기에 대한민국은 그렇게 해도 된다고 생각했기 때문입니다.

이제 코로나를 기점으로 정직해져야 합니다. 그래야 사람들이 정의로워져서 삶에 힘을 얻게 되고, 그것들이 모여 도덕적인 나라가 됩니다. 역사적으로 보면 어린 관창 하나 죽인 도덕성의 몰락이 백제를 망하게 했습니다. 지금도 정직하지 못한 가짜 뉴스 유포하고 사재기하는 사람들이 우리를 힘들게 합니다. 우리 각자가 정직해지면 이러한 일들을 저지르는 사람들이 부끄러워 스스로 그런 짓을 못하게 됩니다. 이번 코로나19 사태를 도덕성 회복과 정직한 삶으로 가는 기회로 삼아야 합니다. 그래야 우리나라가 전 세계에 의료 표준이 되고 경제회복 표준이 될 것인데, 그러자면 우리 각각의 삶이 정직을 바탕으로 한 정의, 도덕 위에 자리매김해야 합니다.

앵커: 우리들 각각의 정직과 정의가 우리나라를 세계적인 선진국으로 만들고 세계가 부러워하는 기준이 된다는 말씀, 참 기분이 좋습니다. 끝으로 하실 말씀 있으신가요?

황수남: 네, 라디오에서 들은 내용인데 아침 출근길 민자 도로에서 생긴 일입니다. 민자 도로의 통행료가 1000원인데 어떤 사람이 뒷사람 몫까지 2000원을 냈습니다. 뒤차에 타고 계신 분이 모르는 사람이 자신의 통행료까지 내어주니, 기분이 좋아서 정직하게 자기도 1000원을 내고 뒷사람 것이라고 했답니다. 이것이 2시간 동안 이어졌습니다. 이것이 알려져서 라디오 방송에 나오게 되고 그 내용을 듣는 분들도 기분이 좋아졌습니다. 작은 1000원이지만 자기 것이 아닌 것을 취하지 않는 정직성과 남을 배려하는 도덕성이 많은 사람들에게 행복을 준 것입니다. 소중한 마음이 모여서 사회와 국가를 살립니다. 이런 일은 누구나 할 수 있었습니다.

우리나라는 지금 경제적으로 어렵습니다. 하지만 나라가 힘들 때마다 국채보상 운동, 금 모으기 운동 등 경제회복 운동으로 나라를 살린 경험이 있기 때문에 '영차, 한번 해보자.' 하면 쉽게 이길 수 있습니다. 우리는 여기에서 더 나아가 남들이 힘들어하는 것에 공감을 하는 정직, 정의를 바탕으로 한 도덕성 회복 운동까지 해야 합니다.

도덕성 회복 운동은 지금까지 국가나 단체에서 체계적으로 해본 적이 없습니다. 이제 우리가 합시다. 이웃이 힘들어할 때 "나도 힘들어."가 아니라 "그래, 너도 힘들구나." "우리 함께 해 볼래." 하며 손잡아 주고 일으켜 세워 줍시다. 그러면 나도 살고 그도 살며 우리가 살아납니다. 아무리 힘들어도 우리나라입니다. 우리가 사랑하며 살아가야 할 우리나라입니다.

　그리고 우리 후손들이 살아가야 할 나라이기 때문에 부끄럽지 않고 정의롭고 정직한 나라를 물려주어야 합니다. 우리가 정의로우면 정의롭지 못한 어떤 것도 우리에게 올 수가 없습니다. 그들 스스로 부끄러워 도망칠 것입니다. 우리가 도덕적이어야 삶이 당당해지고 행복해져서 부자가 됩니다. 선진국이 되느냐 후진국이 되느냐는 우리 손에 달려있습니다. 우리가 이 나라를 살리는 독립군입니다. 이제 작은 것부터 실천합시다. 정직합시다. 정직하면 행복해지고 부자가 됩니다.

　여러분 부~~~자 되세요!

　감사합니다.

실수나 죄를 숨기지 않고 정직하게 나타냈을 때 진짜의 자기가 나와서 바로 좋아집니다.

도덕성 회복 운동은 지금까지 국가나 단체에서 체계적으로 해 본적이 없습니다. 이제 우리가 합시다. 이웃이 힘들어할 때 "나도 힘들어."가 아니라 "그래, 너도 힘들구나." "우리 함께 해 볼래." 하며 손잡아 주고 일으켜 세워 줍시다. 그러면 나도 살고 그도 살며 우리가 살아납니다. 아무리 힘들어도 우리나라입니다. 우리가 사랑하며 살아가야 할 우리나라입니다.

《금전거래 잘하는 법》
시동생이 돈을 안 갚아요.

첫 번째 화살을 맞아도
두 번째 화살은 맞지 마라.

# 시동생이 돈을 안 갚아요.

몇 년 전에 시동생이 돈을 빌려 달라 해서 몇 번 거절하다 어쩔 수 없이 거액을 빌려 주었는데 아직 돈을 갚지 않고 있습니다. 그 일 때문에 남편과의 사이가 좋지 않아서 자주 싸우고 있습니다. 그래서인지 이제는 병까지 생겨 몸이 많이 아픕니다. 돈을 돌려받는 것보다도 이제는 남편과의 관계가 되돌릴 수 없을 지경으로 나빠져서 두렵습니다. 어떻게 해야 하는지요?

앵커: 이런 문제는 많은 분들이 겪는 일일 것입니다. 서로 좋으려고 금전 거래를 했는데 좋지 않은 결과가 나왔습니다. 어떻게 해야 하나요?

황수남: 세상 살면서 한두 번은 금전거래를 할 것입니다. 이런 거래를 안 하고 산다는 것이 참 힘들 것입니다. 몇 년 전에 친지 딸 결혼식에 갔는데, 신랑이 결혼 선서를 하는데 가만히 들어보니 '당신만 보고 살겠다. 비밀없이 살겠다.' 등 재미있는 내용이 많았는데 한 가지 눈에 띄는 것이 있었습니다.

'나는 살면서 절대로 돈을 빌려주거나 보증을 서지 않겠다.'고 선서를 하는 장면이었는데, 이 장면을 보고 대개 여자 쪽에서는 박수를 치는데 남자들 쪽에서는 '저렇게 하면 사회생활 못할 건데…' '남편이 바보가 되는구먼.' 하는 소리가 들렸습니다. 평생 살면서 남에게 돈 안 빌리고 살면 얼마나 좋겠습니까? 그리고 빌려 달라는 사람이 없이 주변이 모두가 부자이면 얼마나 좋겠습니까? 그런데 현실은 그렇지 않거든요.

앵커: 그렇다면 금전거래를 하되 서로가 힘들지 않는 좋은 방법이 없을까요?

황수남: 있습니다. 먼저 위의 질문을 주신 분 사연을 살펴보면 몇 가지 현명하지 못한 선택을 하셨네요. 주로 금전거래는 가까운 사람들, 지인에게서 일어납니다. 대개 가족 간의 거래가 제일 많은데, 이분을 보면 몇 번 거절 하다가 어쩔 수 없이 빌려주었습니다. 이것은 어찌 보면 돌려받지 못할 것을 예상했다는 것인데 그렇다면 어떤 일이 있더라도 빌려 주지 말았어야 합니다.

  그런데 빌려준 것은 겉으로는 '시동생을 도와준다.'고는 했지만 정확히 말하면 돈을 지켜낼 힘이 없었고 남의 눈을 의식했기 때문입니다. 더 좋지 않은 것은 '좋은 형수, 좋은 아내'라는 틀에 갇혀 있었죠. 처음부터 빌려주기 싫으면 끝까지 안 빌려줘야 하는 것이고, 어쩔 수 없이 빌려줬다면 돈을 받을 장치를 하든지 아니면 그냥 주고 나중에 '돌려받으면 다행이다.'라는 마음으로 빌려주었어야 합니다.

앵커: 빌려주면 안 되는데 하면서 빌려준 것은, 지켜낼 힘이 없었다고 하는데 일견 이해는 가지만, 현실적으로는 단번에 거절하기

가 어렵거든요.

황수남: 당연히 어렵죠. 그런데 돈을 빌려주고 난 후 못 받을 것이 예상된다면 단번에 거절하는 것이 최선이죠. 그렇게 못했다면 차선이라도 선택을 했어야 합니다. 대개 가족이나 지인과의 돈거래를 보면 계약서도 잘 안 쓰는 경우가 많고, 이자를 거의 받지 않던지 아니면 최저 금리로 빌려줍니다. 그런데 가족에게 돈을 빌리는 사람들은 대개 은행에서 돈을 빌려 쓰고 더 이상 안 되니까 가족에게 빌리는 경우가 많습니다.

나중에 일이 터지면 이자가 높은 쪽 하고 무이자 쪽 하고 어느 쪽을 먼저 갚겠습니까? 당연히 이자가 높은 쪽을 먼저 갚을 것입니다. 그러면 가족 돈은 당연히 뒤로 밀리고 종국에는 못 갚게 되죠. 그렇다면 돈을 빌려줄 때 이자를 모았다가 나중에 돌려주는 한이 있더라도 "아주 고금리인데도 빌려 쓸래?"라고 물어보고 "그래도 좋다."고 하면 계약서를 반드시 쓰고, 사채이자 보다도 더 높은 금리로 빌려줘야 합니다.

앵커: 그런 것 같습니다. 우리들은 돈거래를 하면 대개 무이자로 하는 경우가 많은데, 그렇다 보니 돈을 갚는 순위에서 뒤로 밀릴 수밖에 없게 되는군요. 고금리로 빌려준다는 방법은 좋기는 한데 우리 인정상 그게 참 어렵거든요.

황수남: 이것은 현명하지 못해서인데 결국 돈 잃고 사람 잃게 되죠. 이것보다 더 현명하지 못한 행동이 하나 더 있습니다. 시동생에게 돈을 빌려주고 난 후 마음속에는 항상 '시동생이 돈을 갚지 못하면 어쩌나'하는 불안감이 있었을 것입니다. 그러니 시동생은 형수의 바람대로 망하게 되어 돈을 못 갚게 되거나 또 갚을 여력이 있어도 갚지를 않게 됩니다. 엄밀히 보면 형수의 생각대로 돈을 갚지 못할 상황을 만들어 버린 것입니다. 시동생이 망했을 때 형수 입에서 나온 첫마디가 '봐라, 망한다고 안 하더냐!'였을 것입니다. 형수가 시동생 망하라고 기도한 것입니다.

돈을 빌려줄 때나 돈을 돌려받고 싶을 때 어떤 마음을 가져야 하느냐 하면, 그 사람이 성공하기를 끊임없이 축복하고 기원하는 마음을 가져야 합니다. 돈 안 준다고 싸우고 떼를 쓴다고 되는 것이 아니라, 그 사람의 성공을 기원하고 잘 되기를 기도해야 합니다. 그 사람이 성공해야 돈을 받을 수 있는 것 아닌가요?

지금이라도 '시동생은 부처의 자식으로 성공의 천재입니다. 무엇이든지 성공하는 아주 유능한 사람입니다.'라고 기도해야 합니다. 그러면 시동생이 다시 재기해서 성공하던지, 아니면 형수에게 돈 갚을 마음이 생겨 빨리 돈을 갚게 됩니다. 이것이 금전거래의 원칙입니다. 이런 마음을 가지고 금전거래를 하면, 설사 상대에게 돈을 받지 못한다 하더라도 다른 쪽에서 더 큰 돈이 흘러들어오게 되어있습니다.

앵커: 돈을 빌려줄 때의 마음가짐과 원칙 그리고 돈을 받을 때의 마음가짐, 재미있습니다. 그 사람이 성공하기를 기원하며 돈을 빌려주면 돈을 받기가 쉽다는 말 상당히 일리가 있습니다. 결국은 모든 것이 마음에서 일어나는군요. 그런데 남편과의 문제는 어떻게 해야 하나요?

황수남: 위의 사례가 우리들이 살아가면서 일을 어떻게 처리하느냐를 단적으로 보여주는 것으로, 부처님이 말씀하신 '첫 번째 화살은 맞아도 두 번째 화살은 맞지 마라.'는 가르침입니다. 형수는 시동생과 단순히 돈거래만 했을 뿐이죠. 그런데 돈을 빌려주고 돈을 못 받으면 어쩌나 하는 마음이 일어나고, 이 마음 때문에 제3자인 남편에게 화를 내고 싸우게 되거든요. 돈을 빌려주고 못 받으면 못 받은 그 사건만 처리하면 되는데, 엉뚱한 남편과 싸우고 미워하게 되죠.

　이런 상황이다 보니 병에 걸리는 일은 당연한 일입니다. '돈을 못 받았을 뿐이다.'라고 사건의 본질만 생각하고 돈 받지 못한 그 일만 가지고 법적 조치를 하든지 시동생과 해결하면 되죠. 아니면 돈을 더 벌면 되는데 '너네쪽 인간은 다 그래.' 하면서 남편을 미워하고 싸우는 최악의 방법만 선택합니다. 인색한 마음을 베풀면 인색한 일이 돌아옵니다. 나에게서 나간 마음 그대로 자신에게 베풀어집니다. 이것이 베풀면 베풀어지는 마음의 법칙입니다.

앵커: 그렇다면 마음이 중요하다는 말인데 마음은 눈에 보이지도 않는데 어떻게 마음을 알 수 있나요?

황수남: 예를 들어보겠습니다. 부부가 자려고 누워 있다가 뭔가 맞지 않아서 토닥토닥 싸우면 누워서 싸울까요, 일어나 앉아서 싸울까요? 일어나 앉아서 싸웁니다. 그러다 더 격해지면 일어서서 싸웁니다. 이것이 무엇인가 하면 마음이 일어서면 몸이 일어서는 경우입니다. 생각이 행동과 모든 주변 상황을 만들어냅니다. 이렇게 말하면 그것은 당연한 일이라고 생각하실 것 같아 생각과 말의 힘이 주변 환경을 어떻게 만들어내는지를 불과 1~2분 사이에 손가락이 길어지는 실험으로 증명해 보이겠습니다.

　많은 사람들은 인간의 몸이 딱딱한 뼈와 근육으로 이루어져 있어서 짧은 시간에 어떤 변화를 만들지 못하는 고정된 물질이라고 믿고 있습니다. 그런데 그렇지 않습니다. 청취자님들도 지금 따라 해 보시면 됩니다. 먼저 손바닥과 손목의 연결부위를 보면 가로로 그어진 금이 보일 것입니다. 이 가로 선을 기준으로 두 손을 맞대고 가운데 손가락의 길이를 비교해 보면 대개 길이가 같습니다. 조용한 곳에 편안히 앉은 다음 눈을 감고 두 손을 무릎 위에 가만히 올려놓습니다. 지금부터 제가 하는 말을 집중해서 들으시면 됩니다.

온 마음을 왼쪽 가운데 손가락에 집중합니다.
왼쪽 가운데 손가락이 길어지는 상상을 합니다.

이제부터 왼쪽 가운데 손가락에 앉아 우주를 여행합니다.

왼쪽 가운데 손가락이 길어집니다.

라디오의 안테나처럼 점점 길어집니다.

자꾸자꾸 길어집니다.

낚싯대처럼 길어집니다. 쭉쭉 길어집니다.

손오공의 여의봉처럼 자꾸자꾸 길어집니다.

나는 왼쪽 가운데 손가락 끝에 앉아 우주여행을 떠납니다.

왼쪽 가운데 손가락이 점점 더 길어집니다.

내가 있는 건물을 뚫고 올라갑니다.

왼쪽 가운데 손가락이 점점 더 길어집니다.

내가 사는 도시가 보이고 산과 강이 보입니다.

왼쪽 가운데 손가락이 점점 더 길어집니다.

아름다운 나의 조국 한반도가 발아래 보입니다.

백두산, 한라산, 제주도, 독도, 서해안, 동해안이 보입니다.

왼쪽 가운데 손가락이 점점 더 길어집니다.

아시아 대륙이 보이고 태평양, 대서양이 보입니다.

왼쪽 가운데 손가락이 점점 더 길어집니다.

하나뿐인 푸른색 지구가 보입니다.

너무나 아름답습니다. 지구가 작은 공처럼 보입니다.

나는 지구인입니다. 더 이상 작은 '나'가 아닙니다.

지구를 사랑하고 인류를 사랑하는 위대하고 훌륭한 사람이 바로 나입니다.

작은 나는 없습니다. 지구에서 유일한 존재가 나입니다.

왼쪽 가운데 손가락이 점점 더 길어집니다.

태양을 바라봅니다. 태양까지 쭉쭉 길어집니다.

너무나 환하고 한 점의 어둠도 없는 빛의 근원인 태양까지 길어집니다.

태양과 하나가 됩니다. 아니 원래 태양이 나입니다.

내가 빛이고 빛이 나입니다. 나는 빛의 존재입니다.

완전하고 원만하며 무한 천재, 무한 능력자가 나입니다.

나는 위대한 존재입니다.

태양처럼 밝고, 무한한 생명을 베푸는 부처님과 같은 무한 생명이 나입니다. 내가 부처입니다.

왼쪽 가운데 손가락이 점점 더 길어집니다. 은하수까지 길어집니다.

우주 끝까지 길어집니다.

이 우주를 만들고 운행시키는 존재가 바로 나입니다.

나는 빛입니다.

나는 부처입니다.

자, 눈을 뜨시고 두 손바닥을 처음처럼 맞대어 보면 왼쪽 가운데 손가락이 분명히 길어져 있는 것이 보일 것입니다. 이처럼 몸은 고정된 물질이 아니라, 생각으로 길어지게 할 수 있는데 이것이 말의 힘, 마음의 힘을 단적으로 보여주는 것입니다. 사람은 누구나 말의 힘으로 물질을 변화시키고 주변 환경을 새로 만들 수 있습니다.

앵커: 와우, 대단합니다. 말로만 손가락을 길어지게 하다니 정말 놀랍습니다. 그러면 위의 고민은 질문자의 평소 말대로 남편과의 관계도 나빠지고 몸에 병이 난 것이군요.

황수남: 역시 앵커님! 대단하십니다. 예전에 일본에서 에모토 마사루라는 사람이 물의 결정을 사진으로 찍어서 세계적으로 화제를 불러 일으켰던 적이 있습니다. 물이 든 컵을 잡고 '사랑해!'라는 생각을 하고 사진을 찍고, '미워, 나빠!'라는 생각을 하고 사진을 찍으면, '사랑해!'라고 생각을 한 물의 결정 사진은 아주 아름다운 육각형이 나오고, '나빠, 미워!'라고 한 물의 사진은 결정이 아예 생기지 않거나 일그러지게 나옵니다.

　그렇다면 인간의 몸의 대부분은 혈액인데 혈액의 대부분은 물입니다. 남편에게 '나빠!'라고 말하면, 그 말은 자신의 몸을 통해 나가기 때문에 남편이 나빠지기 전에 자신의 몸에 있는 물 결정이 제일 먼저 일그러지고 자신의 몸이 나빠집니다. 계속 좋지 않은 생각을 하는데 병에 걸리지 않는 것이 더 이상합니다. 그러니 자신을 위해서라도 빨리 마음을 바꾸어야 합니다. 그렇지 않으면 상황이 더 나빠집니다. 사실 남편하고 계속 싸운다고 돈이 나오나요, 아니지 않습니까?

앵커: 그렇지요. 남편하고 싸운다고 돈이 나오는 것이 아니죠. 작가님 말씀 중에 나쁜 마음이나 나쁜 말은 자신을 거쳐서 나가기 때문에, 자신이 제일 크게 피해를 입는다는 말씀 대단히 중요한 것 같습니다. 남편과의 관계도 좋아지고 병을 고치려면 어떻게 해야 하나요?

황수남: 이는 부처님의 가르침 중에 다 나와 있습니다. 부처의 뜻은 '밝다'라는 뜻입니다. '밝다'라는 것은 좋은 것만 있다는 뜻입니다. 인간에게는 완전하고 원만하며 무한히 좋은 것만 있다는 것이 부처님의 가르침입니다. 이것에 일체유심조를 이용하면 됩니다. 우리가 부처이니 밝고 좋은 것만 생각하고 말하고 행동하면 됩니다. 일체유심조라고 했듯이 말하는 대로 그대로 만들어 집니다.

모든 것이 마음대로 만들어지니 좋은 것만 생각하고 좋은 것만 말하면 좋은 일만 생기겠죠. 간단합니다. 진리는 어려운 것이 아니라 단순하고 명쾌합니다. 인간은 부처이기 때문에 인간에게는 좋은 것뿐입니다. 이것을 마음이라는 용어로 정리를 하면 '본래 좋은 것만 있다. 인간이 본래 부처다.'라는 것을 씨앗因인 제1의 마음이라 하고, 모든 것을 만들어 내는 생각과 마음緣을 제2의 마음, 일체유심조, 제2의 마음으로 만들어진 세상의 모든 것果을 제3의 마음이라 합니다.

모든 것이 이 3가지로 생깁니다. 이것이 세상을 만들어내는 원리因緣果로 우리가 세상의 모든 것을 만들어 내는 창조자입니다. 자신의 몸을 비롯하여 세상의 모든 것은 제1의 마음이 표현된 것이기 때문에 좋은 것뿐입니다. 그러니 '좋은 것만 있다'는 것을 인정하고 일체유심조인 말로 표현하면 좋은 것이 바로 나타나는데, 우리들은 세상의 본질을 올바로 보고正見 좋은 것만 생각하고正思惟 좋은 것만 말하는正語 연습을 안했기 때문에 이것 또한 쉽지 않습니다.

그래서 오늘은 즉각 행복해지고 평생 행복하게 살 수 있는 비결을 알려드리겠습니다.

앵커: 그런 것이 있나요? 빨리 알려주시지요.

황수남: 이것은 부부관계나 자식, 직장 상사 등 모든 인간관계에다 적용 가능합니다. 쉬운 것이니 따라해 보십시오. 즉각 좋아집니다.

제일 먼저 눈을 감고 편안히 앉아서 호흡을 고른 후

1단계
'부처님 안에서 당신과 나는 하나입니다.'
'나는 당신을 용서했습니다.'
'당신도 나를 용서했습니다.'
'용서해 주시니 감사합니다. 용서를 받아 주시니 감사합니다.'
'감사합니다. 감사합니다.'

2단계

'부처님 안에서 당신과 나는 하나입니다.'
'나는 당신을 사랑합니다.'
'당신도 나를 사랑합니다.'
'사랑해 주시니 감사합니다.'
'사랑을 받아 주시니 감사합니다.'
'감사합니다. 감사합니다.'

3단계

'부처님 안에서 당신과 나는 하나입니다.'
'나는 당신께 감사합니다.'
'당신도 나에게 감사합니다.'
'감사해 주시니 감사합니다.'
'감사를 받아 주시니 감사합니다.'
'감사합니다. 감사합니다.'

이렇게 시간 날 때마다 하세요. 반드시 좋아집니다.

앵커: 어렵지도 않고 간단한 것 같은데 지금 같이 해보니 마음이 편안해집니다. 새삼 말의 힘이 대단한 것을 느낍니다. 끝으로 하실 말씀 있으시면 해 주십시오.

황수남: 생활이 좋아지지 않는 종교는 의미가 없습니다. 마음과 말을 잘 쓰라고 부처님께서 우리에게 알려 주셨습니다. 말이 모든 것입니다. 조물주가 인간을 만들 때 얼굴을 보면 검은색이거나 흰색, 피부색인데 유독 입술만 빨간색입니다. 왜 입술만 빨간색인지 아시나요?

이는 키스 잘하라고 빨간색으로 만든 것이 아니라, 조물주께서 말조심하라는 빨간 정지 신호로 말을 가려서 잘하라는 의미입니다. 나타난 환경을 바꾸려 하지 마세요. 그것은 마음을 보여주는 거울, 마음의 그림자이니 바꿀 수도 없습니다. 행복해지려면 마음과 말을 바꾸어야 합니다. 마음을 밝고 원만하게 바꾸고 말을 기쁨과 희망이 가득찬 말을 해서 남을 기쁘게 하면 됩니다.

삶에는 답이 없는 것이 아니라 분명한 답이 있습니다. 인생은 간단합니다. 인생은 명쾌합니다. 이렇게 바꿀까 저렇게 바꿀까 동분서주하지 말고, 원래 있는 밝은 마음을 내시고 사랑과 자비의 말을 하세요. 그러면 즉각 행복해지고 반드시 삶의 승자가 됩니다.

여러분, 사랑합니다!

인색한 마음을 베풀면 인색한 일이 돌아옵니다. 나에게서 나간 마음 그대로 자신에게 베풀어집니다. 이것이 베풀면 베풀어지는 마음의 법칙입니다.

돈을 빌려줄 때나 돈을 돌려받고 싶을 때 어떤 마음을 가져야 하느냐 하면, 그 사람이 성공하기를 끊임없이 축복하고 기원하는 마음을 가져야 합니다.

Part 3

공부 잘하기

수능시험 고득점 하는 법 – 시험 치는 아이에게 해 줄게 없어요.

아들에게 준 선물 – 졸업하는 아이에게 무슨 말을 해 줄까요?

공부 잘하는 법 – 공무원 시험에 또 떨어졌어요.

아이를 천재로 키우는 법 – 아이 키우기 힘들어요.

삶의 통찰력을 얻는 법 – 지혜롭게 살고 싶어요.

《수능시험 고득점 하는 법》
시험 치는 아이에게 해 줄게 없어요.

시험이라는 것은
너를 괴롭히려고 있는 것이 아니라,
살면서 만나는 다양한 문제들을
네가 어떻게 헤쳐 나가는지
연습하는 것이란다.

시험 치는 아이에게 해 줄게 없어요.

앵커: 오늘은 2020학년도 대학 수학능력 시험날인데요. 마인드 컨트롤이 정말 필요할 것 같습니다. 지금 시간이 8시 30분을 지나고 있고, 1교시 국어 영역을 열심히 풀고 있을 것 같은데, 우선 작가님께서 응원 한마디 해주세요.

황수남: 지금 수능생들이 많이 긴장하고 있을 텐데요. 수능생 여러분은 부처의 자식으로 무한 천재이기 때문에 무한의 지혜가 솟아나 모르는 문제가 없이 술술 풀릴 것이고, 생애 최고의 점수를 받을 것입니다. 오늘 이후, 여러분 앞에 꽃길만 있을 겁니다. 여러분 힘 내십시오!

앵커: 올해도 어김없이 아침 기온이 영하로 떨어졌는데, 유독 수능날에 한파가 몰아치는 것 같습니다. 과거에도 이러한 사례가 정말 많죠?

황수남: 예, 수능한파라고 하는데요. 1968년 이후 지금까지 시험 당일날 기상데이터를 분석해 보면, 기온이 평균보다 6도 이하로 떨어진 날이 약 40번 정도로 85%의 비율이나 된다고 합니다. 그런데 왜 수능 때만 유독 추워지는지 마음 차원의 재미난 연구가 있었

습니다.

2001년에 한국 기상청 산하 국립전자 기상연구소 김희진 선임 연구원이 11월 5일 과학일보에 수능추위가 실재로 존재한다고 발표를 한 적이 있습니다. 그 논문에 사람이 시험에 의한 스트레스를 강하게 받으면 평상시보다 30배나 강한 세타파가 발생하는데, 이 파동이 국지적으로 지자기에 영향을 주어 수증기 분자의 진동수가 낮아지고 분자 자체의 발산 온도가 30% 낮아진다는 연구 결과를 발표했습니다. 이에 따라 수험생 및 학부모의 스트레스가 최고조에 달하는 시험 당일에 가까울수록 일시적, 국지적인 기온이 급강하하게 되고, 시험 치는 인구가 비교적 적은 인근 산악지대 및 해안지대는 상대적으로 기온이 높기 때문에 대기 온도차에 의한 강한 바람이 발생한다고 합니다. 날씨마저도 마음으로 만들어 낸다는 흥미로운 연구인데, 이것은 마음이 모든 것을 만들어 낸다는 증거이기도 합니다.

앵커: 하하하, 마음연구가다운 연구를 하시네요. 비가 오는 날 부침개가 먹고 싶다는 것이 과학적인 근거가 있다 하듯이, 수능 전에 많은 사람들이 긴장하고 불안해하니 세타파가 광범위하게 많이 나와서 기온을 떨어트린다, 일리가 있는 것 같습니다.

자, 어떤 시험이건 1교시가 가장 중요할 것 같습니다. 1교시를 망치면 그 다음 시간에까지 치명적인 타격을 입을 가능성이 높은데요. 국어영역을 마치면 학생들이 어떻게 정신을 집중해야 할까요?

황수남: 정신 집중은 평상시 연습을 해야 하는데 아이들에게는 어색할 것입니다. 1교시 마치면 수능생들이 제일 먼저 하는 것이 끼리끼리 모여, 국어 가채점을 해 보고 맞았다느니 틀렸다느니 실수했다느니 할 겁니다. 그런데 이런 행동을 하면 절대로 안 됩니다. 그러면 마음이 흔들리기 시작합니다.

며칠 전에 박찬호 선수가 TV에 나온 적이 있었습니다. 그때 진행자가 마운드에서 공을 던질 때 "어디를 보고 던지나요?"라고 물으니 박찬호 선수는 공을 던질 때 타자는 보지 않는답니다. 우리가 생각하기로는 투수가 타자를 보고 기氣 싸움을 한다거나, 그 선수를 분석한다고 생각을 하는데 상당히 의외의 말을 했습니다. 타자를 보면 저 선수가 타율이 얼마며 어떤 공을 잘치고 지난번 내 공을 쳤나 하는 등 온갖 생각이 들어가서 마음이 흔들리기 시작한다고 합니다. 그래서 절대로 타자를 보지 않고 과녁만 본답니다. 과연 위대한 선수는 다르다고 생각을 했습니다. 이것이 불교에서 말하는 '지금 여기'의 찰라를 말하는 것입니다.

이처럼 시험장에서는 오로지 시험만 생각해야 합니다. 국어는 끝났으니 지나간 것은 놔두고 가만히 앉아 호흡을 가다듬고 수학시험 시뮬레이션을 돌려야 합니다. 지금 공식 하나 더 외우는 것은 의미가 없습니다. 펜싱 국가 대표선수들은 시합전에 가만히 앉아서 상대가 이렇게 나올 때, 나는 이렇게 피하고 이렇게 찌른다고 마음속으로 생생하게 시뮬레이션을 합니다. 이처럼 이런 문제가 나왔을 때 나는 이렇게 풀겠다고 마음속에 그려 봐야 합니다.

연습 안 한 사람들은 말이 쉽지 이마저도 잘 안 됩니다. 효과적인 방법은 호흡을 크게 들어 마시고 내쉬고를 몇 번 하면서 '감사합니다. 감사합니다.' 몇 번 외우고, '나는 잘하고 있어! 나는 잘하고 있어!' 하며 스스로에게 선언을 하면 마음이 차분하게 가라앉을 것입니다.

앵커: 야! 이 방송, 수능생들이 들어야 하는데 어제 방송할 걸 제가 왜 그 생각을 못 했나 모르겠습니다. 너무나 아쉽습니다. 아이들은 못 듣겠지만 살면서 다양한 문제를 만났을 때 해법은 같지 않을까요. 이렇게 하면 마음이 가라앉아서 올바른 대처법이 나올 것 같습니다.

황수남: 예, 그렇습니다. 살면서 문제를 만나게 되면 문제와 동일시해서 나도 모르게 문제에 딱 붙어 버리게 됩니다. 문제에서 떨어져 문제만 객관적으로 보는 최고의 방법이 심호흡을 깊게 하고 '감사합니다.' 하던지 '웃는 것'입니다. 그러면 그 순간 문제에 붙어 있던 마음이 딱 떨어져 편안해져서 해법을 찾을 수가 있게 됩니다.

앵커: 잘 알겠습니다. 계속해서 수능이야기 더 해 볼 건데요. 마냥 걱정하고 불안해하면 오히려 좋지 않은 결과가 나온다고 하는데, 시험 중에 마음이 떨리고 긴장될 때는 어떻게 하는 것이 좋은가요?

황수남: 긴장하면 생각이 잘 안 납니다. 문제풀 때는 생각이 나지 않던 내용이 시험 끝나고 복도로 나오면 긴장이 풀려 생각나는 것과 같은 이치입니다. 심리학에 '자기 효능감 이론'이라는 것이 있는데, 이는 자기 스스로를 인정할 때 힘이 나온다는 것입니다. 지금 불안하다는 것은 자기 본래의 마음이 아니라 마음이 붕 떠서 떠돈다는 것입니다.

그래서 붕 떠 있는 마음을 본래의 마음으로 돌리자면 '나는 무한 천재다. 한번 본 것은 반드시 기억한다.'라고 자기 스스로 인정을 하면 본래의 마음이 나와 긴장이 바로 풀립니다. 그런데 이것보다 더 중요한 것은 왜 불안한지 이유를 봐야 하는데, 아이들이 불안해 하는 것은 성적 안 나오는 것보다 부모님께 혼날 걱정이 더 크기 때문입니다.

앵커: 그렇지요. 부모님께 실망 드릴까봐… 이게 맞을 것 같습니다.

황수남: 아이들은 부모님이 꼭 대학 가야 한다고 하니 공부할 뿐 어느 대학 어느 과를 가야 되는지 잘 모릅니다. 내가 이 과에 왜 왔을까? 계속 다녀야 하나 말아야 하나? 저도 처음 대학 입학했을 때 그만두고 싶은 생각이 무척 컸고 후회를 했습니다.

앵커: 우리 젊었을 때 생각해 보면 미래에 무엇을 해야 한다는 생

각이 별로 없었던 것 같네요.

황수남: 솔직히 무엇을 할지, 어떻게 살아야 할지 잘 모릅니다. 지금 제 나이 되어서도 앞날이 어찌 될지 모르고 불안한데 열여덟, 열아홉 된 아이들이 뭘 알겠습니까? 아이들은 자신의 미래가 뭐가 뭔지도 모르고 단순히 부모가 기뻐할까, 실망할까 이것만 생각한다면 부모님들은 자신이 아이를 잘못 키운 부분이 보여질 것입니다.

평상시 성적이 떨어지면 부모님들은 좋은 대학 못 간다고 화만 냅니다. 시험에서 점수 잘 받는 것만이 좋은 것이 아니라, 성적이 떨어졌을 때가 아이들이 세상을 살아갈 지혜를 얻는 연습시킬 기회입니다.

"애야! 시험이라는 것은 너를 괴롭히려고 있는 것이 아니라, 살면서 만나는 다양한 문제들을 네가 어떻게 헤쳐나가는지 연습하는 것이란다. 네가 시험이라는 목표를 두고 준비를 해서 시험을 치고 성적이 좋지 않으면, 어떻게 하면 성적을 올릴지 고민하고 피드백해서 재도전하는 과정을 배워 문제를 해결하면서 성장하는 것이란다. 이것을 시험이라는 과정을 통해서 배워야 사회에 나갔을 때 너 스스로 문제를 해결할 수 있게 되고, 그것들이 모여 세상을 이길 수 있단다."라고 일깨워 줘야 합니다.

그러면 아이들은 성적 강박에서 벗어날 수 있고, 시험이 자신의 인생을 가르쳐주는 스승이라는 것을 알게되어 시험을 두려워하지 않게 됩니다.

앵커: 그러게나 말입니다. "야, 이놈아!"라는 말부터 나오지 왜 이런 말이 안 나오는지 모르겠습니다.

황수남: 그렇지요. "학원 때려치워. 내가 너 때문에 쉬지도 않고 돈 벌러 다니는데, 내가 너한테 안 해주는 게 뭐가 있니? 너는 공부만 하랬잖아!"라고 합니다. 그렇게 말하면 부모 마음이 후련하냐 하면 아니거든요, 부모도 힘들고 아이도 힘들어지고… 종국에 가서는 아이와 등지게 되어 돌아올 수 없는 강을 건너게 됩니다. 이거는 아니죠. 성적이 떨어졌을때가 기회입니다.

부모들이 한번 실수해 보면 알아야 되는데 왜 같은 실수를 반복하는지 모르겠어요. 더 아이러니한 것이 "나는 너를 사랑해서 혼낸다."고 말합니다. 그렇게 말하는 것이 아니라 "성적이 떨어지니까 마음이 아프니? 그렇다면 어떻게 하면 성적을 올릴 수 있는지 고민해 볼래?"하며 고민할 시간을 주고, 그것을 해결할 때까지 기다려 주는 여유를 줘야 하는데 부모님들은 화만 냅니다.

대기업에서 성적 좋은 아이들을 뽑는 이유가 단순히 성적만 보는 것이 아닙니다. 일을 하면서 생기는 다양한 문제에 대처 능력과 적응을 보는 것입니다. 공부 잘하는 아이들은 자신이 무엇이 문제인지, 그 문제를 어떻게 해결하는지, 시험에서 성적이 떨어졌을 때 해결하는 방법을 통해, 나름 대처능력이 있는 아이들입니다. 그런데 부모들은 오로지 성적을 올리라고만 합니다. 그러면 아이들이 위축되고, 어떻게 할지도 몰라 인생이 한쪽으로 기울게 됩니다.

앵커: 저도 갑자기 잘못했다는 반성 모드로 들어가게 되네요. 그런데 말입니다. 수능시험을 보는 학생들보다 더 긴장하고 초조할 분들이 부모님이 아닐까 싶은데요. 수능 전 주말에는 조계사를 비롯해 유명 사찰을 찾는 수험생 가족들이 많았는데요. 무사히 시험을 마치도록 절을 올리는 등 기도하는 부모님들의 마음은 어떨까요?

황수남: 전국의 기도처 중에 제일 유명한 곳이 대구 갓바위일 겁니다. 그 높은 곳을 걸어 올라가서 간절히 기도했을 것입니다. 그런데 기도 내용을 보면 '부처님, 내 아이 시험 잘 보게 해 주십시오.'라는 범주를 벗어나지 못했을 것입니다. '시험 잘 보게 해 주세요.'라는 기도를 보면 내 아이는 공부를 잘 못하는데 부처님의 원력으로 잘 보게 해달라는 것과 내 아이만 시험 잘 보게 해 달라는 마음이 깔려있습니다. 이런 기도는 아주 이기적이고 잘못된 기도입니다. 부모가 욕심에 가득 차 있기 때문에 이렇게 기도하면 오히려 성적이 떨어집니다.

앵커: 아하, 이기적인 기도네요. 방송 들으시는 분들 마음이 찔리는 분들 계실 것 같습니다.

황수남: 사실 저도 애들 다 키우고 나니 이렇게 말하지 사실 쉬운 것이 아닙니다. 이 방송을 듣고 계신 학부모님들 지금부터라도 마

음을 바꾸셔야 합니다. 그러면 어떻게 기도하느냐 하면, 아이가 좋은 성적을 받고 기뻐하는 모습을 상상하면서 '부처님은 반야의 지혜, 무한 지혜입니다. 우리 아이는 부처의 자식으로 무한 지혜이니 좋은 성적을 받는 것은 당연합니다. 우리 아이만이 아니라 오늘 시험 치는 모든 아이들, 최고의 성적을 받게 해주시니 감사합니다. 이루어 주시니 감사합니다.' 하고 다른 아이들을 위해서도 기도하는 것이 올바른 기도법입니다.

앵커: 기도 자체를 바꾸어야 하는군요. 잘 알겠습니다. 그런데 몇 시간 후면 아이들이 시험을 마치고 나올 건데 아이들을 어떤 마음으로 맞아야 할까요?

황수남: 아이들이 시험 마치고 나오면 부모들은 아이들이 웃는지 아닌지 표정부터 볼 것입니다. 그 표정을 보고 성적이 좋을지 아닌지 분별할 건데 시험 치고 나온 아이에게만 집중해야 합니다. 성적이 좋고 안 좋고는 나중의 문제입니다. 대부분 부모들은 '어땠어?' 하고 물어보는 것은, 아이 마음이 어떤지가 아니고 성적이 어떤지에 온 마음이 가 있기 때문입니다. 다시 말해 아이가 좋은 대학갈지 아닐지, 좋은 대학 못 가면 남 보기 창피한데, 취직도 못하는데 등 부모의 욕심에 마음이 가 있을 것입니다. 오늘은 아이에게 아무 말 하지 말고 그냥 환하게 웃으며 안아주면 됩니다.

앵커: "됐어. 수고 했어!" 하면서요.

황수남: 그렇지요. 이것이 백 마디 말보다 훨씬 전달력이 큽니다.

앵커: 작가님 말씀처럼 아이에게만 집중해야 할 것 같습니다. 그런데 수능을 마치고 나면 성적에 대한 비관이나 허탈감을 호소하는 학생들도 많다고 들었습니다. 실제 수능을 비롯한 입시 일정이 끝난 후 상담소를 찾는 학생이 많다던데 어떠한가요?

황수남: 사실 많이 옵니다. 그런데 오지 않고 겉으로 표시하지 않는 아이들이 더 많은데 그 아이들이 문제가 더 큽니다. 상담실을 찾는 아이들은 겉으로 표현하기 때문에 해결법이 쉬운데, 그렇지 않은 아이들은 잠재적으로 문제를 가지고 있거든요. 이 압력은 언젠가는 터지게 되어 있습니다.
　아이들이 원하는 성적이 안 나왔을 때 대개의 부모들은 "공부 안 할 때 알아봤다."라고 하는 사람이 있는가 하면 또는 "힘내라, 괜찮다."하는데 실제로 도움이 별로 되지 않습니다. 힘이 빠져 있는데 무슨 힘이 나요. 백번해도 소용이 없습니다. "힘내라."가 아니라 "사랑해!" 라고 표현하세요.
　"얘야, 성적이 나빠 마음이 아픈 것은 네가 천재라는 증거다. 네가 천재가 아니라면 성적이 나쁜 것을 오히려 기뻐하지 화가 나지 않는단다. 너는 천재이니 반드시 좋아진단다."하며 아이에게 사랑을 주는 성숙한 부모가 되어야 합니다. 그리고 '내 아이는 무한 천재이기 때문에 반드시 좋아진다.'고 믿고, 아이가 헤쳐 나오기를 지켜봐 주고 응원하는 부모가 되어야 합니다.

앵커: 입시가 끝난 수험생은 지나친 긴장 후에 과도한 허탈감을 느끼거나, 시험 결과에 낙담해 심한 무기력감에 빠질 수 있습니다. 이를 통제하지 못해 시험 결과에 대한 실망감과 비관적인 생각이 깊어지면 우울증으로 이어지는데, 어떻게 마음을 살피고 보듬어 줘야 할까요?

황수남: 이 부분은 참 어렵습니다. 그러나 어려움에 처했을 때 어떤 행동으로 대처하는지를 부모가 알려줘야 합니다. 실패했을 때가 기회입니다. "공부 안 하더니 꼴좋다. 이제 어떻게 할거야."하며 한탄하고 부모가 한숨 쉴 것이 아니라, 성적 떨어진 아이가 있는 채로 부모가 행복을 선택하는 대범한 부모가 되어야 하고 싱글벙글 웃는 부모가 되어야 합니다. 그래야 아이들이 그것을 보고 헤쳐 나옵니다. 그러지 않고 부모가 우울한 채 아무리 상담을 받게 하고 아이들한테 그러지 말라 한들 아무 소용이 없습니다.

정확하게 말하면 아이가 성적이 나쁘고 불안해하는 것은 아이 문제가 아니라 부부생활의 성적표, 부모 마음이 아이에게 투영되어 나타난 것이라고 100% 확신합니다. 아이는 부부가 서로 사랑하지 않고 신뢰하지 못하는 마음의 나쁜 영향을 받은 피해자입니다.

앵커: 이 말씀 대단히 중요한 것 같습니다.

황수남: 예, 그렇습니다. 부부생활이 삐걱거리기 시작하면 제일 먼저 아이 성적에서 반응이 나타납니다. 부모에게 반항이라는 도구를 선택해서 부부가 서로 반항하는 모습을 그대로 보여주는 것입니다. 아이는 자신의 성적을 떨어뜨리면서까지, 부모에게 "엄마, 아빠, 제발 서로 사랑하면서 행복하게 사세요."하는 메시지를 던지는데, 그것을 모르고 "우리 아이는 반항한다. 성적이 엉망이다." 라고 아이를 혼내는데, 그러지 말고 아이가 던지는 메시지를 잘 봐야 합니다. 부부가 먼저 사랑을 회복해야 하고, 아이를 무한 신뢰를 하고 있다는 것을 보여줘야 합니다. 어쩌면 이것이 아이들이 성인이 되기 전 마지막 가르침이 될 것입니다.

아이는 문제가 생겼을 때 부모가 소리 지르는지, 화내는지, 때리는지, 무시하는지 등을 보거든요. '우리 엄마 아빠는 문제만 생기면 소리 지르고 화만 낸다. 그러면 나도 소리 지르고 화만 내면 문제가 해결되는구나.' 하는 문제 해결법을 배우거든요. 지금이 문제 해결하는 방법을 마지막으로 가르칠 기회입니다.

아이들 걱정은 하지 마세요. 부모님 자신들을 돌아보세요. 아이 인생에 끼어들지 말고 부모 마음이 어디에 있는지 살펴야 하고, 아이의 천재성을 믿고 좋아지는 과정을 지켜볼 힘을 길러야 합니다. 부모가 아이를 믿고 기다리고 지켜볼 힘이 없으니 아이에게 혼만 냅니다. 요즘 부모들 보면 부모가 아닌 기업체 사장 같습니다. 아이들을 직원 대하듯이 해요. 내 아이라도 성적 나쁘면 미워해요.

앵커: 시말서 받고 징계하고…

황수남: 기업체는 성적 나쁜 직원은 내보내면 되요. 그런데 내 아이를 어떻게 내보내느냐고요. 성적이 떨어진 채로 부모는 행복을 선택해야 합니다.

앵커: 자신이 좋은 부모인지 아닌지를 알려면, 내가 기업체 사장마인드로 아이를 대하는지 아닌지를 보면 알겠네요.

황수남: 그렇지요. 끊임없이 엄마의 마음, 아버지의 마음을 내야하는데 겉으로 나타난 성적만 보는 기업체 사장의 마음을 내니, 이 아이들은 어떻게 하라고 하는지 모르겠습니다. 힘들 때 부모가 행복을 선택하고 사랑을 선택하는 것을 배워서 사회에 나가면 이 아이들은 삶의 천재가 됩니다.

앵커: 부모가 힘들 때 행복을 선택하는 것을 배워 아이들이 사회에 나가 삶의 천재가 된다. 정말 좋습니다. 이제 시간이 얼마 남지 않았는데 끝으로 청취자 여러분께 한 말씀 해주신다면?

황수남: 아이들은 무한 천재입니다. 그 천재성은 부모가 인정하는

만큼 나타납니다. 아이들이 사회로 나가는 커다란 관문을 오늘 통과했습니다. 성적이 좋든 나쁘던 12년 동안 공부한 것이 오늘 하루 끝났습니다. 12년 동안 포기하고 도망가고 싶기도 했을 것입니다. 그것을 마친 아이들을 축복합시다. 이제는 아이들이 세상을 향해 날아가려고 날개 짓을 합니다. 그 아이들을 믿고 응원합시다. 그러자면 아이들에게 정을 끊고 큰 사랑을 꺼내야 합니다.

성적이 나쁜 것은 재수 없게 내가 안 배운 곳에서 나왔다느니, 답을 밀려서 썼다든지 하는 핑계를 대지 말게 하고 아이와 함께 결과에 승복합시다. 부모님들, 오늘 이후 누가 뭐라 하더라도 참 부모의 마음을 냅시다! "그래 애썼다. 이제 네 앞에 좋은 일만 있을거야." 하며 항상 축복하고 칭찬합시다. 이제부터 아이들은 성인입니다.

아이들을 올바른 성인으로 키우자면 하루에 한가지씩 아이들을 칭찬해야 합니다. 그 힘으로 아이들이 훌륭한 사회 구성원이 됩니다. 시간이 별로 없습니다. 사랑만 하기에도 시간이 없습니다. 오직 칭찬과 사랑만 해야 합니다. 내 품을 떠나려는 아이들을 끝없이 사랑하는 부모가 되시길 바랍니다. 수험생, 부모님 모두 수고하셨습니다.

앵커: 작가님 말씀처럼 사회에 나가려는 아이들한테는 사랑만 하기에도 시간이 아까울 것 같습니다. 지금까지 사람의 마음을 잘 정리해 주는 국내 유일의 마음연구가님과 수능시험을 대하는 마음에 대해 알아봤습니다. 좋은 말씀 감사합니다.

아이 걱정은 하지도 마세요. 부모 자신이나 걱정하세요. 아이는 가만히 두면 스스로 헤쳐 나옵니다. 아이 인생에 끼어들지 말고 부모 마음이 어디에 있는지 살펴보아야 하고, 아이의 천재성을 믿고 좋아지는 과정을 지켜볼 힘을 길러야 합니다. 부모가 아이를 믿고 기다리고 지켜볼 힘이 없으니 아이에게 혼만 냅니다. 요즘 부모들 보면 부모가 아닌 것 같고 기업체 사장 같습니다. 아이들을 직원 대하듯이 해요. 내 아이라도 성적 나쁘면 미워해요. 이게 무슨 부모입니까!

아이들을 올바른 성인으로 키우자면 하루에 한가지 아이들을 칭찬해야 합니다. 그 힘으로 아이들이 훌륭한 사회 구성원이 됩니다. 시간이 별로 없습니다. 사랑만 하기에도 시간이 없습니다. 오직 칭찬, 오직 사랑만 해야 합니다.

《아들에게 준 선물》
졸업하는 아이에게 무슨 말을 해줄까요?

성인이 되는 아이에게
어떤 가치관과 세계관을 가지고 살아야 하는지
일러 주어야 합니다.

졸업하는 아이에게 무슨 말을 해줄까요?

졸업을 앞둔 고3 아들 엄마입니다. 며칠 있으면 졸업을 하고 모두가 인정하는 성인이 됩니다. 자식이 성인이 된다고 하니 기쁘기도 하고 약간은 두렵기도 합니다. 그런데 정작 엄마인 나는 아이에게 '축하한다. 학교 다니느라 애썼다.'는 말 외에는 해줄 게 없습니다. 성인으로서의 삶은 학교서 배운 것 가지고는 턱없이 부족하다는 것을 알고 있는지라, 무엇인가 삶에 도움이 되는 이야기를 해주어야 할 것인데 무슨 말을 할지 모르겠습니다. 자식에게 학교 보내고 용돈 주는 것밖에 해줄 게 없는 내가, 엄마로서 무책임한 것 같아 화가 납니다. 어떻게 해야 할까요?

앵커: 저도 아이들 졸업식 때 꽃다발 사주고 선물주고 용돈주고 같이 외식하고 수고했다는 이야기 밖에 할 게 없었거든요. 사회에 나가는 아이들한테 상투적인 말 밖에… 지금 생각해 보면 많이 아쉽습니다. 이 사연이 저를 되돌아보게 만듭니다.

황수남: 삶의 터닝 포인트를 우리들은 그냥 지나치는 수가 많습니다. 그런데 이것을 어떻게 맞이하느냐에 따라 삶이 엄청나게 달라집니다. 졸업이라는 것이 단순히 나이 한 살 더 먹는다, 상급학교 진학한다는 정도로밖에 취급하지 않지만 사실 생의 전환기라는 커다란 의미를 갖고 있습니다. 우리가 살면서 거쳐가는 입학, 졸업, 취업, 결혼, 자녀 출산, 이사 등이 삶의 변곡점입니다. 이때 어떤 마음으로 이것을 맞이하느냐에 따라 삶이 많이 달라집니다. 그런데

이러한 삶의 변곡점을 맞이하는 자녀들에게 같이 밥 먹는다든지, 자그마한 선물을 준다는 것 외에는 도와줄 것이 별로 없습니다.

고등학교 졸업 때를 되돌아보면, 대학 진학하는 친구들은 조금 느긋한데, 그렇지 못하고 대학을 가지 못하는 친구들은 졸업 때 상당히 의기소침하고 두려워했던 것 같습니다. 스무 살 나이에 공장에 들어가 돈을 벌어야 한다는 현실이 상당히 무서웠을 겁니다.

앵커: 제가 그랬습니다. 저 역시 실업계 학교를 나와서 직업전선으로 바로 뛰어 들었습니다.

황수남: 부모님들은 세상이 만만하지 않다는 것을 더 잘 아는데, 고등학교를 졸업한 자식이 세상에 나가서 힘든 일을 하는 것을 지켜보는 부모가 더 힘들었을 것입니다. 집안이 여유로웠다면 가게를 장만해 준다던지 가업을 이어 받든지 유학을 가든지 하거든요.

앵커: 걱정할 게 뭐가 있겠습니까? 그런 집 아이들은…

황수남: 대개의 가정에서는 기대도 할 수 없는 상황이고 부모가 해줄 수 없는 상황이라 더 안타까웠을 것입니다. 그런데 이것보다 더 중요한 것이 있습니다. 성인이 되는 아이에게 어떤 가치관, 세계관을 가지고 살아야 할지 일러 주어야 하는데, 부모 또한 이것을 알지 못하기 때문에 아무 말도 못하는 상황이 되고, 부지런하면 먹고

산다는 정도밖에 없거든요.

앵커: 맞아요. 부모가 아이들에게 삶에 꼭 필요한 것을 해주지 못하는 것이 안타까운 현실입니다.

황수남: 우리 부모님만 하더라도 생의 전환기에서, 어떤 생각으로 살아야 되는지 어떻게 사는 것이 잘사는 것인지 제대로 배우지 못했거든요. 그렇다 보니 자식들한테 아무 말도 못해주고… 저희 부모님도 이러한 것을 배우지 못했고, 저희도 배우지 못했고, 더 나아가 우리 자식들도 배우지 못할 것입니다. 이러한 현실이 대물림된다는 것이 제일 아쉽습니다.

앵커: 우리들도 부모님께 생의 전환기에 어떤 생각으로 살아야 하는지를 배운 적이 없고 자식들에게도 어떻게 살아야 하는지를 알려 주지 못했네요. 졸업은 아무나 겪는 하나의 통과의례 정도로 무감각했던 것 같습니다.

황수남: 그렇지요. 저희들만이 아니라 지금 전국에 계신 부모님들이 이러한 범주를 벗어나지 못할 것입니다. 특히 고등학교 졸업이 삶에서 분명하게 한 획, 한 마디를 끊는 것이거든요. 저는 고등학교 졸업을 했을 때 술을 마시고 친구 집에서 외박을 했지만, 그냥 '졸업했네.'가 아니라 사실 마음속에서는 어떻게 살아야 하나에 대

해 생각을 했거든요. 돌이켜 보면 졸업 전과 후의 생각이 분명히 달랐습니다. 이때 부모가 '너는 이렇게 살아라. 너는 이런 사람이 될 거야.'라고 확언을 해주어야 합니다.

앵커: 아! 삶의 가이드라인을 주어야 한다는 것이네요.

황수남: 이때 부모가 이런 마음으로 세상을 살면 '너의 삶이 행복해지고 풍족해진단다.'라고 확언을 했다면, 우리들의 삶이 달라지고 그것이 모여 사회가 달라졌을 것입니다. 그런데 우리들은 이러한 것을 가르쳐 주지 않고, 아이들에게 '경쟁에서 이겨야 한다. 돈 많이 벌어야 한다.'는 정도의 조언을 하니 그것이 우리나라 전체의 공통의식으로 자리 잡게 되어서 지금은 사회가 너무나 각박해졌습니다. 사회 전체가 경쟁 구도 속으로 무지막지하게 끌려들어 가게 되었습니다.

앵커: 그러니 대개의 아이들이 남을 밟고서라도 이겨야 한다. 수단과 방법을 가리지 않고 돈 벌어야 한다는 생각을 가지게 되고, 그렇지 않은 아이들은 그냥 아무거나 열심히 하면 되겠지 하고 막연하게 살게 되는군요. 그렇게 되면 우리나라 전체가 힘들어지게 되어 사회 문제로 갈 수도 있겠습니다.

황수남: 그렇지요. 이제라도 부모의 생각과 말이 아이들에게 어떤 영향을 미치는지 곰곰이 생각해 봐야 합니다. 우리들의 생각과 의

식, 말이 어떤 영향을 미치며 삶이 어떻게 달라지는지를 보면, 저희가 초등학교 졸업하고 중학교에 입학하면 한반에 아는 친구들이 몇 명 되지 않고 거의 모르는 친구들입니다. 공부를 잘 하는지, 운동을 잘하는지, 거친 아이인지, 부드러운 아이인지 잘 모릅니다.

　그런데 1주일 정도 지나면 서로 '너 공부 잘하니? 좀 놀았니?' 묻지 않아도 공부 잘하는 아이는 공부 잘하는 아이끼리, 노는 아이는 노는 아이끼리 모여 친구가 됩니다.

앵커: 맞아요, 끼리끼리 모입니다. 공부 잘했니, 놀았니? 라고 안 물어봐도 신기하게 끼리끼리 모입니다. 그 참 신기하더라고요.

황수남: 왜 그럴까요? 이것은 같은 마음끼리 모이는 마음의 법칙 때문인데, 평상시 자신이 가지고 있는 생각대로 주변 환경이 만들어지고 모여오기 때문입니다. 자신이 가진 마음과 비슷한 것들이 자신의 몸과 환경에 그대로 나타납니다. 불평을 하면 불평할 일이, 감사하면 감사할 일이 자신 주변에 나타납니다. 그래서 평상시 마음이 그렇게 중요합니다.

　부모들이 아이들에게 올바른 가치관, 인간관, 생활관을 제대로 심어 주지 못하고, "공부 열심히 해라. 부지런히 살아라. 좋은 친구 사귀어라."고 아무리 말해 봐도 소용이 없습니다. 그것보다는 아이들이 어떤 생각을 가지게 하느냐가 제일 중요합니다. 인간의 삶은 어떤 생각을 가지느냐에 따라 완전히 달라지는데, 마음의 법칙 중끼리끼리 모이는 유유상종의 법칙이 삶의 전반을 지배하기 때문입니다. 그러니 끼리끼리 모이는 마음의 법칙을 안다면, 고등학교 졸업할 때까지 제대로 된 가치관, 인간관을 심어 주지 못했다 하더라도, 졸업하는 날 만이라도 아이들의 삶을 바꿀 수 있는 확정적인 말을 해 주어야 합니다. 그러면 아이들의 삶이 달라집니다. 끼리끼리 모이는 마음의 법칙을 이용하여 삶을 변화시켜야 합니다.

앵커: 아이들에게 삶의 전반을 지배할만한 말을 꼭 해주어야겠군요. 돌이켜 생각을 해 보면 저도 고등학교 졸업할 당시 그러한 확신에 찬 말을 부모가 해 주었다면 삶이 달라졌을 것 같네요.

황수남: 그럼요. 말의 힘으로 삶의 방향이 정해지거든요.

앵커: 그런데 정작 제가 들은 말은 "해봐라. 남들도 다 하는데 너도 열심히 해라. 성실히 해라. 하다 보면 된다." 이 정도의 말만 들은 것 같습니다 지금 생각해 보면 생의 전환기라 할 만한 졸업, 입학, 취업, 결혼 등을 어떤 생각으로 맞이하느냐가 삶을 결정하는 것 같고, 같은 생각끼리 모인다는 유유상종의 법칙이 삶의 전반에 그대로 적용된 것 같습니다.

그러면 바로 묻겠습니다. 고등학교 졸업하는 아이들에게 어떤 말을 해 주는 것이 좋을까요?

황수남: 저희 집은 20세만 넘으면 경제적으로 독립하라고 하면서 키웠습니다. 그래서 졸업하는 아들에게 의미있는 선물을 준비했고, 그것은 돈 백만 원, 한복 한 벌, 도움되는 책과 콘돔을 사주었습니다.

앵커: 하하! 아주 재미있는 선물을 하셨군요. 꼭 이야기 들어 봐야 할 것 같습니다.

황수남: 아이의 졸업을 앞두고 제가 졸업할 때 불안해 했던 것이 생각이 나서 아버지로서 가만히 있기가 좀 그렇더라고요. 그래서 '너는 한국 사람으로 우리 민족의 정체성을 알면 좋겠다.'라는 의미로 한복을 사주었고요. 통장에 백만 원 넣어 주면서 "이 돈은 내가 마지막으로 주는 것이다. 친구를 사귀는데 사용하든지 네 자유인데, 돈이 늘어나거나 줄어드는 것에 대한 너의 느낌과 마음을 한 번 봐라. 하루 만에 다 써도 좋고 네가 불려도 좋다."라고 했습니다.

앵커: 와우, 현명하셨네요!

황수남: 돈은 그냥 돈이 아니거든요. 돈이 늘어나거나 줄어들 때 다시 말해 돈의 쓰임에 따른 마음을 봐야 하거든요. 돈에 얽매이지 않는 법은 돈을 에너지의 덩어리로 봐야 하고 철저하게 객관적으로 보는 것인데 그러자면 훈련이 필요해서요. 사람은 자신의 것이

지만 함부로 쓰면 안 되는 것이 세 가지가 있다. 첫째 돈이다. 돈은 정말로 좋은 것인데 대신 잘 가려서 써야 한다. 돈의 10%는 반드시 타인과 세상을 위해서 쓰라. 그래야 네가 풍요로워지고 돈에 휘둘리지 않고 돈에서 자유로워진다.

둘째는 마음인데, 마음 하나로 세상을 다 얻거나 잃을 수도 있다. 미래에 가장 요구되는 사람은 품성 좋고 마음 밭이 훌륭한 사람이다. 이것은 돈으로 살 수 없다. 그러니 항상 기뻐하고 감사하는 마음을 가져라! 마음 중에서도 양보하면 안 되는 것이 '나는 아이큐 3333의 무한 천재, 무한 능력자, 위대한 사람이라는 것을 한시도 잊지 말아라. 그리고 "너는 어떤 누구보다도 훌륭하고 위대하며 네가 하는 일은 반드시 잘 된다."라고 이야기했습니다.

앵커: 확신을 가져라.

황수남: 예, 세 번째 콘돔을 주면서 이제는 성관계다. 너도 이제 성인이기 때문에 분명히 성관계할 일이 있을 것이다. 성관계는 너무나 아름답고 귀하며 인류를 존속시키는 사랑의 종결로서 진정한 사랑이 무엇인지 알려줄 것이다. 이것만큼은 더더욱 잘 써라. 서로가 사랑하며 존중하는 성관계를 하면 새로운 세상이 열리는 것을 경험하게 될 것이다.

성관계는 정말로 숭고한 사랑의 행위이다. 너의 생각과 행동에 따라 아름답게도 되고 또 추하게도 된다. 그러니 정말 아름다운 사랑을 선택하고 서로 존중하며 탐닉하지 않는 귀한 성생활이 되면 좋겠다. 지금의 성에 대한 습관이 평생 너의 정신세계를 풍요롭게도 또는 집착하는 작은 너로 만들어 갈 거라며 콘돔을 건네주니, 아들이 얼굴을 빨갛게 물들이며 입가에 뭔지 모를 웃음을 피웠습니다.

앵커: 이렇게 이야기하니까 참 성스럽네요. 그런데 이게 쉽게 할 수 있는 이야기는 아닌데요.

황수남: 아니지요. 그런데 꼭 필요한 말입니다. 몇 달 있다가 "지호야, 너 콘돔 써 봤니?" 하고 물어보니, 지호가 "아빠는!" 하면서 얼굴이 빨갛게 되더라고요.

앵커: 작가님 뵙기로는 상당히 보수적인 것 같은데 상당히 개방적이십니다.

황수남: 이 부분은 정말 필요한 것입니다. 성관계 처음 했을 때 잘못하게 되면 성에 탐닉하게 되거든요.

앵커: 그럼요. 정말 중요한 말씀입니다. 성관계는 숭고한 일이거든요. 인류 존속을 위한 위대한 작업인데, 처음에 어떤 마음으로 행하느냐에 따라 인생이 피폐해 지기도 하고 아주 건전해질 수도 있

죠. 작가님 말씀처럼 고등학교를 졸업하면 성인이 되는데, 아이들에게 정말 필요한 확언이네요.

황수남: 그렇지요. 이러한 확언이 있으면 아이들이 그런 상황에 노출이 되었을 때 '아, 우리 아버지가 이런 말씀을 하셨구나.' 하면서 되돌아보게 됩니다.

앵커: 정말 의미 있는 선물을 주었군요. 특히 아들에게 콘돔을 사 주었다는 것은 아버지로서 최고의 선물인 것 같습니다. 그렇지만 일반인들은 이렇게 하기가 쉽지 않거든요. 이것보다 더 쉽게 해 줄 수 있는 것이 무엇이 있을까요?

황수남: 사실 아이들은 이미 가치관이 정립되었기 때문에 아무것도 해 줄게 없습니다. 이미 부모 말을 안 듣습니다. 그렇지만 정말 꼭 해야 하는 일이 있습니다. 지금까지 아이 교육에서 다 놓쳤더라도 이것만은 꼭 해야 합니다. 그것은 정을 완전히 끊는 것입니다. 정을 끊어야 진정한 사랑이 나오고, 정을 끊어야 아이를 제대로 볼 수 있습니다. 고등학교를 졸업하면 이제는 성인입니다. 그러니 아이의 인생에 절대로 끼어들면 안 됩니다. 정을 끊지 않으면 아이 인생에 끼어들어 잔소리하게 되죠. 그러면 아이 인생을 망치게 됩니다.

아이에게 이렇게 말하세요. "나도 살아보니, 내 인생 다 아는 것

같았는데 잘 모르겠고 지금도 불안하고 무섭다.” “내가 할 일은 끝이 났다.” “이제부터 홀로서기를 할 때다. 너는 만족 안 하겠지만 나는 최선을 다해 온몸으로 가르쳤고, 더는 가르칠 것이 없고 줄 것도 없다.” “이제는 사회가 너를 가르칠 것이고 책이 너를 가르칠 것이다. 온몸으로 부딪치고 최선을 다해 배워라!” “모두가 네 스승이다. 이제 부모를 떠나 세상을 향해 날개를 펼쳐라!”

“단 하나, 30살 되기 전에 책 1,000권을 읽어라.” 그리고 “이제부터 먹여주고 재워는 주겠지만, 생활비는 네가 벌어 쓰고 가능하면 엄마 수고비는 네가 줘라!” “이제는 성인이니 무소의 뿔처럼 혼자서 가라!”라고 말하세요. 그러면 아이들은 저절로 훌륭해집니다.

앵커: 아이 인생에 끼어들게 되면 간섭이 된다는 말씀, 정말 좋은 이야기네요. 자, 그러면 작가님이 부모님을 대신해서 고등학교 졸업하는 아이들, 사회에 나가는 우리 청년들에게 한마디 해주십시오.

황수남: 예, 졸업을 맞이하신 전국의 고3 학생들 정말 축하드립니다. 이제는 자타가 공인하는 성인입니다. 성인이란 성인으로서의 역할을 다할 때 성인이 됩니다. 생의 전환기인 졸업을 맞이해서 성인이 되는 연습을 합시다.

첫째, 이제부터 부모님께 밥값을 내세요. 무슨 일을 하던지 간에 생활비는 벌고 얼마가 되든지 밥값 내세요. 돈을 못 벌면 밥값 대신에 설거지를 하던지 밥을 하던지 청소라도 하세요. 특히 딸들은 청소하고 밥하고 설거지 꼭 해야 합니다. 결혼하려 양가부모 상견례할 때 '우리 딸은 공부하느라, 직장 다니느라 아무 것도 못해요.' 그러면 남자 쪽에서 '딸처럼 키우지요.' 하는데 이것 다 거짓말입니다.

한두 번은 청소, 설겆이, 밥하는 것이 서툴면 예쁘게 봐 주지만 계속 그러면 '네 집에서 그렇게 배웠니?' 하면서 밉게 봅니다. 청소만 잘해도 사회에 나가서 인정을 받습니다. 사람이 달라 보입니다. 거듭 이야기하지만 밥값은 반드시 내야 합니다.

둘째, 30살이 되기 전에 반드시 책 1000권을 읽으십시오. 1000권의 독서가 삶을 훌륭하게 만들고 풍요롭게 만들어 줍니다.

셋째, '나는 아이큐 3333의 무한 천재로 하는 일마다 잘 된다.' 라고 틈날 때마다 외우세요. 이것이 제일 중요한 일입니다. 우리가 세상을 살다 보면 급한 일과 중요한 일이 있는데 우리들은 항상 급한 일만 처리합니다. 그러면 평생 급해집니다.

앵커: 하하, 그러네요. 급한 일만 처리하면 평생 급해진다. 대단히 중요한 말씀입니다.

황수남: 그럼요. 평생 급해지고 그로 인해 시간과 돈의 노예가 됩니다. 그래서 여러분, 중요한 일을 매일 조금씩이라도 하셔야 합니다. 꼭 명심하십시오. 제가 말씀드린 이 3가지만 지킨다 해도 여러분들의 삶이 살이 떨릴 만큼 전율에 차고 항상 뜻있고 기쁜 일 속

에 여러분이 살아가게 될 것입니다. 잘 자라준 전국의 우리 아들딸들, 많이 사랑하고요. 그대들의 앞날을 축복합니다.

졸업하는 아들에게 의미 있는 선물을 준비했습니다. 그 선물은 돈 백만 원, 한복 한 벌, 도움되는 책과 콘돔이 었습니다.

마음 하나로 세상을 다 얻거나 잃을 수도 있습니다. 미래에 가장 요구되는 사람은 품성 좋고 마음 밭이 훌륭한 사람입니다.

자녀와의 정을 완전히 끊어야 합니다. 정을 끊어야 진정한 사랑이 나오고, 정을 끊어야 아이를 제대로 볼 수 있습니다.

자녀들은 생의 전환기인 졸업을 맞이해서 성인이 되는 연습을 합시다.
첫째, 이제부터 부모님께 밥값 내세요.
둘째, 30살이 되기 전에 반드시 책 1,000권을 읽으십시오.
셋째, '나는 아이큐 3333의 무한 천재로 하는 일마다 잘 된다.' 라고 틈날 때마다 외우세요.

《공부 잘하는 법》
공무원 시험에 또 떨어졌어요.

절대로 좌절하지 마세요.

성공은 이미 우리 안에 있습니다.

공무원 시험에 또 떨어졌어요.

저는 직장을 다니다가 그만두고 공무원 시험 준비중인 34세된 청년입니다. 직장까지 그만두고 공무원 시험에 도전했지만 벌써 두 번째 낙방했습니다. 그 동안 모아 둔 돈도 다 쓰고 없어서, 올해부터는 부모님께 의존해서 공부하고 있는데 이번 시험에 또 떨어졌습니다. 부모님은 괜찮다고 하시는데 면목이 없습니다. 매사에 의기소침해지고 마음이 많이 아픕니다. 어떤 마음을 가지고 어떻게 공부를 해야 합격할 수 있나요?

앵커: 안타까운 사연입니다. 위의 상담자는 요즘 가장 인기 있는 공무원 시험에 응시했군요. 공무원 시험에 많은 사람이 몰리고 있는 이유가 무엇일까요?

황수남: 공무원을 선호하는 이유를 보면, 사명감을 가지고 국가와 사회에 봉사할 수 있는 공복, 공공의 이익을 위해서, 권력과 명예를 위해서, 60세 이상까지 정년이 보장되어서, 연금이 보장되어서, 스펙을 보지 않아서 등 여러 가지가 있지만 저는 2가지로 요약된다고 생각합니다. 예측 가능성과 공정성입니다. 예측 가능성은 직업의 안정성이라 할 수 있는데 신분이 법률에 의해서만 면직, 해임, 파면이 가능하거든요. 그래서 사기업에 비해 정년이 보장되니, 지금처럼 예측이 어려운 시대에 생애 대부분을 안정적으로 유지할 수가 있는 부분이 크고요.

그 다음이 공정성인데 사기업에서는 학력, 경력, 연령 등 일정 자격을 요구하고 기업마다 요구사항이 다르고, 더 큰 문제는 채용 비리, 다시 말해 출발점 자체가 다른 경우가 많습니다. 그런데 공무원은 학력, 학점, 성별, 출신학교, 출신지역, 스펙, 장애 등 일체의 것들이 필요치 않고, 누구든지 응시해서 합격만 하면 되니 나름 공정성이 보장되어 있거든요. 그래서 떨어지더라도 성적 이외에는 다른 이유가 절대 있을 수 없습니다. 그런데 사기업은 응시 조건도 많을뿐더러 떨어진 이유를 모릅니다. 그래서 공무원의 공개 채용 시험이야말로 자신의 실력만으로 승부를 볼 수 있는 유일한 것이라 생각을 하기 때문입니다.

앵커: 공정성이 보장되기 때문이다. 일리가 있는 말씀입니다. 그렇지만 너무 많은 사람들이 공무원 시험에 몰리다 보니 사회적으로 문제가 생기기도 하지 않나요?

황수남: 그렇지요. 젊은이들을 포함한 수많은 사람들이 안정성을 택하다 보니, 우리나라가 역동성이 좀 떨어지는 편입니다. 특히 우리나라처럼 자원이 부족한 나라에는 사람이 최고의 자원인데, 젊은이들이 안정적인 공무원에 많이 도전하는 바람에, 다른 꿈을 이루고자 하는 도전이 약해져 조금 우려스러운 면이 있습니다.

몇 년 전, TV 뉴스에서 중 고등학생들의 꿈을 조사한 것이 나왔는데 1위가 공무원 되기, 2위가 건물을 사서 임대업 하기로 조사된 것을 보고, 우리나라가 꿈이 사라진 세상으로 가는구나 싶어 깜짝 놀랐습니다. 저희 때는 최소한 과학자, 탐험가 이런 꿈들이 있었는데 지금은 그렇지 못하거든요. 아이들이 꿈을 가지지 못하는 세상, 누가 그렇게 만들었을까요? 이 부분만큼은 100% 기성세대의 책임이기 때문에 기성세대들이 크게 반성해야 합니다.

이런 형편이다 보니 수능생과 비슷한 인원인 70만 명이 공무원 준비를 하고 있고, 지난 13일 약 30만 명이 공무원 시험을 봤는데 경쟁율이 10:1에서 13:1이었습니다. 그리고 공무원 공부하는데 한 달에 약 70만 원 정도가 소요되고, 합격하기까지는 평균 2~3년이 걸려 2천만 원 정도 들어가는데, 대개 부모한테 돈을 타서 공부를 하거든요. 오늘 아침 뉴스에 보니 자식들 뒷바라지 하느라 50대 맞벌이 부모가 많이 늘어났다 합니다.

앵커: 예전에는 아이들이 대학까지만 뒷바라지해 주었는데, 요즘은 졸업하고 나서 취직할 때까지 뒷바라지해야 하니 부모들이 참 힘듭니다.

황수남: 그렇지요. 그나마 아이들이 합격을 하면 다행인데, 그렇지 못하면 공시낭인이 되어 사회 적응을 하지 못하는 등 큰 어려움을 겪게 되거든요. 지난번 상담하러 오신 여성분은 회계사를 9년 동안 공부했다고 합니다. 그분이 "선생님, 저는 지금까지 공부만 해서 공부 외에 다른 일은 할 줄 아는 게 하나도 없어서 취직도 못하

고, 시험도 포기 못하고 있는데 이번에 또 떨어질 것 같아요. 이런 내가 너무 무서워요." 하면서 펑펑 우는 겁니다. 이런 분들이 꽤나 많거든요.

이 정도는 아니어도 3~4년 동안 장기간으로 공부하는 분들이 늘어나서 개인의 비용만이 아니라 사회적 비용도 많이 생기는 것도 문제지만, 이것보다 더 심각한 것이 낙방해서 시험을 포기하는 경우입니다. 왜냐하면 물질적인 비용보다 낙방이 각 개인의 삶에 미치는 영향이 더 크거든요. 자칫하면 사회에 나가기도 전에 스스로를 패배자로 간주하게 됩니다.

저는 이런 상담을 할 때마다 우리나라 전체에 제대로 된 공부법을 알려 주는 데가 한 곳도 없다는 것이 답답합니다. 공부법을 배우지 못해서 공부를 못하는 것이지 그 사람이 무능해서가 아니거든요. 공부법만 바꾸면 누구든지 공부를 잘 할 수 있습니다. 거듭 이야기하지만 우리들은 공부 열심히 하라는 소리만 들었지 공부법에 대해 한 번도 배운 적이 없습니다. 정말 아쉽습니다.

9년동안 회계사 공부한 분은 세무사 공부로 바꾸어 제가 개발한 공부법인 『누구나 합격하는 통권 10회독 공부법』으로 공부해서 이번에 합격했습니다.

앵커: 작가님 말씀을 듣고 보니 우리가 학교 다닐 때 공부법에 대해 배운 적이 없는 것 같습니다.

황수남: 공부는 단순히 열심히만 하면 되는 줄 압니다. 그래서 아이들이 선생님들이나 부모한테 "어떻게 하면 공부 잘할 수 있어요?"라고 물으면 "그냥 열심히 하라."고만 합니다. "열심히 해도 안 돼요." 하면 "더 열심히 해!" 이말밖에 하지 못합니다. 과연 공부를 열심히만 해서 될까요? 절대 그렇지 않습니다.

앵커: 공부에는 왕도가 없지 않나요?

황수남: 왕도는 없지만 정형화된 방법은 도출할 수가 있거든요. 무슨 일이든지 성과를 내려면 메뉴얼화된 방법이 있어야 합니다. 라면 하나 끓이는데도 정형화된 방법이 있습니다. 우리나라는 살면서 수많은 시험을 치러야 함에도 불구하고 제대로 된 공부법이 없죠. 그러니 당연히 공부법을 알려주는 곳이 없습니다. 모든 일의 결과는 노력 곱하기 방법(결과 = 노력 × 방법)인데, 방법이 0이면 아무리 노력을 해도 결과는 0이거든요. 이것은 노력만 가지고는 안 된다는 증거입니다.

　방법도 알려주지 않고 노력만 하라고 해 놓고는, 공부 못하는 사람을 노력하지 않는 사람, 성실하지 못한 사람, 의지가 없는 사람이라고 낙인을 찍어 버립니다. 더 심하게 이야기하면 공부 못하는 사람을 잉여인간 취급하죠. 이렇다 보니 아이들 스스로도 패배자라고 생각을 하게 됩니다. 우리나라는 의무교육이거든요. 이것이 무엇을 의미하느냐 하면, 우리나라에 태어나기만 하면 누구나 공부를 해야 한다는 것인데, 정작 공부법이 없다는 것이 문제입니다. 아이들이 성적이 떨어지니 학교가 재미없어지고 그러다 보니 학교 가서 사고나 치고…

학생들만이 아니라, 공시생들, 승진시험 준비하는 사람들, 인생 2모작을 위해 자격증 준비하는 사람들… 공부라는 벽 앞에 좌절하는 사람이 얼마나 많은데요. 우리나라 교육을 책임지는 교육부, 학교 선생님, 학원 강사님들이 제대로 된 공부법 하나 만들어 주지 못했기 때문에, 공부 앞에 좌절하는 분들께 미안하다고 사죄해야 합니다. 공부 못하는 사람들이 피해자이지요. 학교 선생님들이 자기들은 공부 좀 했다고 '노력 안 하니까 그렇지 너도 노력하면 돼!' 이렇게 무책임하게 말하면 안 됩니다. 아이들이 쉽게 따라 하는 공부법을 꼭 개발하셔야 합니다.

공부를 대개 학습學習이라 합니다. 배울 학學에 익힐 습習인데, 우리들은 공부한다고 하면 제일 먼저 수업시간에 잘 배워라學입니다. 잘 배우는 것은 입력 부분으로 잘 배우는 것도 좋습니다. 그런데 이것은 자칫하면 '저 선생님은 잘 하시는구나.'하며 구경꾼으로 남게 됩니다. 헬스장 가서 트레이너가 운동하는 것을 구경하는 것이나 마찬가지죠. 트레이너가 운동 열심히 한다고 해서 자기 근육은 좋아지지 않거든요.

우리나라는 시험이라는 도구를 통해 공부 성취 정도를 평가하죠. 시험은 철저하게 출력 부분이거든요. 그렇다면 배우는學 입력도 중요하지만, 내 것으로 만들어 시험에 고득점을 올리는 출력하는껯 것이 더 중요합니다. 좀 더 극단적으로 이야기하면, 공부는 철저하게 자기 것으로 만드는 습에 초점을 맞추어야 합니다. 그런데 학교는 시험이라는 출력부분인 것에 초점을 맞추는 것이 아니라 배우는 입력부분만 강조합니다. 그러다 보니 어떻게 내 것으로 만들까하는 학생들 입장은 신경 쓰지 않고, 선생님들 가르치는 입력부분인 교수법만 신경 씁니다.

앵커: 배우는 것보다는 내 것으로 만드는 것이 중요하다는 말씀 공감이 됩니다. 다시 질문자의 내용으로 돌아가서 어떻게 공부를 하면 성적을 올릴 수 있나요?

황수남: 우리들이 익히 아는 공부법은 예습, 본수업, 복습 그리고 남들보다 '더 열심히' 이것밖에 없습니다. 그런데 교육 전문가들한테 물어봐도 아직 예습이 좋은지 복습이 좋은지 명쾌하게 답을 내리지 못합니다. 물론 이렇게 다 실천하면 당연히 성적이 오르겠지만, 진도가 나갈수록 복습 분량이 늘어나서 예습은 아예 엄두도 못냅니다. 그리고 솔직히 말해서 이 방법대로 따라 하는 학생들 얼마나 되겠습니까? 이 방법은 공부를 다 포기하게 만들고 또 따라하지도 못합니다.

공부에는 학자들이 하는 공부법과 시험쳐서 관문만 통과하면 되는 두 가지의 공부법이 있는데, 선생님들이 이를 구분하지 않고 그냥 가르치기만 하거든요.

앵커: 시험을 위한 공부법이 따로 있군요.

황수남: 그렇지요. 원칙적으로 학교는 전인교육과 학문을 가르치는 것이 맞습니다. 그렇지만 우리나라는 우열을 철저하게 시험으로 평가를 합니다. 그러니 고득점을 올리는데 최적화된 공부법이 절실하게 필요합니다. 다시 본론으로 돌아가서, 일반인들은 대개 시험 쳐서 관문만 통과하면 되지 학문을 하는 것이 아닙니다. 그러면 시험에 특화된 관문 통과법으로 공부해야 하는데, 선생님들은 학자들이 하는 공부법으로 학교, 학원에서 가르칩니다. 그러니 성적을 올릴 수가 없습니다.

　공부를 직업으로 하는 학자나 연구원들이 하는 공부는 어렵고 단락 연계가 잘 안 되기 때문에, 조금씩 잘라서 공부해야 하는 분권법으로 공부해야 합니다. 시험 쳐서 관문 통과하는 공부는, 그 단체에서 알아야 하는 기초지식을 알아야 하지 학문적인 깊이를 요구하는 것이 아니기 때문에, 전후 맥락을 알고 정답을 찾는데 특화된, 효율적인 공부법인 통권법으로 공부를 해야 합니다. 지금 학교서 하는 수업이 전형적으로 학자들이 하는 공부법입니다.

앵커: 공부는 수업 잘 듣고 예습 복습 잘하고 열심히만 하면 되는 줄 알았는데, 학자들이 하는 공부법인 분권법과 수험생들이 하는 통권법이 있다는 것을 처음 알았습니다. 저도 공부를 했지만 공부법이 따로 있다는 것을 몰랐습니다. 구체적으로 말씀해 주시겠습

니까?

황수남: 학원을 20년 경영하며 매일 고민했던 것은 '왜 아이들이 공부를 잘하지 못할까?'였습니다. 그래서 우리나라에서 공부 제일 잘하는 집단인 고시생들과 전국 탑 클라스에 있던 사람들을 연구해서 통권법을 만들어 학생들과 공시생들한테 적용해 봤는데, 누구든지 성적이 수직상승 했습니다. 심지어는 60세 된 할머니도 단기간에 방송통신대 법학과에서 F 학점을 받다가 전 과목 B학점 이상 올렸습니다.

지금 학교 수업을 보면, 책 한권을 매일 조금씩 진도 나가고 이 과목 저 과목 공부해서 한 학기에 책을 한번 봅니다. 이는 전형적인 학자들이 하는 공부법인데, 이러면 한 학기 동안 공부한 것이 아무런 기억이 나지 않습니다. 한학기가 뭐예요. 일주일 전의 것도 생각이 나지 않죠. 그런데 수능을 포함한 공시생들은 단기간 성적을 올려야 하는데, 학자들이 하는 공부법으로는 시험에 거의 실패합니다. 그러니 공부법을 바꾸어야 합니다.

시험 치는 사람들은 과목당 교재 1권을 정하고 이 과목 저 과목 공부하는 것이 아니라, 한 과목 끝내고 다른 과목을 해야 합니다. 공무원 시험에 중요 과목이 국어, 영어, 한국사, 자기 전공, 법규 이렇게 5과목이 될 겁니다. 한 과목당 16일에 5회독 할 정도로 계획을 짜는데, 제가 지도해 보니 6, 4, 3, 2, 1 방법이 제일 무난하더라고요.

국어만 6일 동안 처음부터 끝까지 공부하는데, 목차는 매일 읽어야 하고 아는 부분은 추려 내야합니다. 만약 책이 900페이지라면 1일차에 목차를 읽고 1페이지에서 150페이지, 2일차에 목차를 읽고 151페이지에서 300페이지, 3일차에 목차를 읽고 301페이지에서 450페이지, 4일차에 목차를 읽고 451페이지에서 600페이지, 5일차에 목차를 읽고 601페이지에서 750페이지, 6일차에 목차를 읽고 751페이지에서 900페이지, 이런 식으로 공부를 합니다. 그러면 6일에 책 한권을 처음부터 끝까지 1회독을 마칠 수 있습니다. 나머지 과목도 이런 식으로 하면 5과목 × 6일 = 30일 걸립니다.

그다음 국어로 돌아가서 아는 부분은 빼버리니, 분량이 줄고 책을 한번 봤기 때문에 익숙해져서 과목당 4일로 줄일 수가 있습니다. 그래서 국어 4일, 영어 4일, 나머지 과목도 4일씩 공부하면 20일 만에 한 번씩 볼 수 있으니 총 2회독을 할 수가 있습니다. 아는 부분 또 추려내고 과목당 3일, 2일씩 공부해서 회독을 높여가면 마지막에는 1일에 한 과목씩 공부할 수가 있습니다.

계산상 80일이 걸리는데 넉넉잡아 3개월에 과목당 5회독이 충분히 가능합니다. 단순히 공부법만 바꾸었을 뿐인데 아무리 못해도 6개월에 책을 10번 이상 볼 수 있습니다. 이렇게 공부하면 누구든지 성적이 수직상승하게 됩니다.

앵커: 이 공부법은 학문을 위한 것이 아니라, 단기간 시험에 합격하기 위해 불가피하게 선택해야 할 공부법인 것 같아, 청취자님들이 잘 선택하셔야 할 것 같습니다. 현명하게 선택하시리라 믿고요.

방법만 바꾸었는데 한 학기에 1번 보던 것을 10번 보게 만드는군요. 이렇게 공부하면 성적이 오를 것 같습니다. 이 방법에 더 신경 써야 할 것이 있나요?

황수남: 앵커님 중요한 말씀 해 주셨습니다. 이 방법은 학문적인 깊이를 요하는 방법이 아니라 시험에 최적화된 효율성을 강조한 공부법인데, 사실 한 과목을 단기간 10번씩 보게 되면 학문적인 깊이도 더 깊어지게 되어 있습니다. 이렇게 하지 않고는 최고 성적을 받기가 어렵습니다. 공신이라하는 고승덕씨도 10번 보기가 중요하다고 했습니다.

　우리가 학교 다닐 때 보면 공부 못하는 아이들은 자기가 아는 것만 공부합니다. 그러니 평균 50점 이하입니다. 중간 정도 성적의 아이들은 아는 것, 모르는 것 구분하지 않고 공부합니다. 열심히 오랜 시간 책상에 앉아 있어도 성적은 80점을 못 넘어갑니다. 공부를 잘하는 최상위권 아이들은 자신이 모르는 것만 공부합니다. 남들이 보기에는 빈둥빈둥 노는 것 같은데, 모르는 것만 공부하니 시간이 남게 되고 고득점을 할 수밖에 없습니다. 그래서 공부의 제일 큰 원칙은 통권법으로 하되 모르는 것만 공부하는 것입니다. 공부 잘하는 것은 기술적인 문제이기 때문에 방법만 바꾸면 아무나 잘할 수가 있습니다. 이것보다 더 중요한 것은 공부 잘하기 위한 전제 조건입니다.

앵커: 공부를 잘하려면 머리가 좋다던지 아니면 제대로 된 공부법으로 열심히 하는 일반적인 것 외에 또 다른 전제 조건이 있나요?

황수남: 우리나라에서는 공부工夫라 하지만 중국에서는 쿵푸라고 합니다. 무술을 쿵푸라고 하는데 그것보다는 한 분야의 프로경지에 있는 사람을 말합니다. 지금은 좁은 학문에서만 공부라 하지만, 우리나라에서도 예전에는 한 분야에 일정 수준 이상이 되면 그 분야에 공부가 잘 되었다라고 합니다. '밥하는데 공부가 잘 되었다. 그릇 만드는데 공부가 잘 되었다.' 하듯이 한 분야의 프로들, 천재성이 나타난 사람들을 일컬을 때 씁니다. 그러니 공부란 삶의 천재를 아우르는 말입니다. 학문에서 천재만이 아니라 삶에서 천재가 되는 전제조건, 비법을 말씀드리겠습니다. 저에게 정말 많은 사람들이 공부법에 대해 상담을 해 옵니다. 그분들께 제일 먼저 이야기하는 3가지의 전제 조건입니다.

　첫째는 인간관인데, 우리들은 인간을 유한의 존재, 무식하기 때문에 끊임없이 가르쳐야 된다는 인간관을 가지고 있습니다. 정말 그런지 알아봐야 합니다. 인간은 정자 난자가 만나 인간이 되는 물질적 존재라고 하는데, 정자 난자를 수정시켜 비이커에서 배양시키면 어머니 자궁에서처럼 똑같이 세포 분열을 하지만 인간이 되지 않습니다. 이는 물질인 정자 난자가 인간을 만들 힘이 없다는 것이죠. 물질인 정자, 난자가 인간을 만든 것이 아니기 때문에 인간은 유한한 물질적 존재가 아니라는 증거입니다.

수도꼭지를 돌리면 수돗물이 나오는데 수돗물은 수도꼭지가 만들었나요, 파이프가 만들었나요, 강이, 수증기가 만들었나요? 아니죠. 온 우주가 만든 것입니다. 수돗물도 이런데 만물의 영장인 인간도 정자 난자가 인간을 만든 것이 아니라 온 우주가 만든 것입니다. 그러니 인간은 온 우주의 자식, 부처의 자식입니다. 인간이 2심방 2심실을 가지고 있고 직립 보행을 한다고 해서 포유류라고 하면 안 됩니다. 인간을 부처의 자식으로 다시 분류해야 합니다.

인간은 공부면 공부, 예술이면 예술, 사업이면 사업, 무엇이든지 다 해낼 수 있는 무한 천재, 무한 능력자입니다. 이를 부처의 자식, 불자라고 하는 것입니다. 여러분들은 부처의 자식으로 아이큐 3333의 무한 천재이며 새 시대를 이끌어갈 뉴 휴먼입니다. 공부를 잘 하려면 이 새로운 인간관을 바탕에 두어야 합니다.

둘째는 교육관입니다. 지금까지의 교육관은 인간은 무식하니 외부에서 지식을 집어넣어야 하는 주입식이었는데, 이제부터는 아이큐 3333의 무한 천재이니 끄집어내기만 하면 되는 인출식 교육으로 바꾸어야 합니다. 모든 것을 알고 있는 천재성이 우리들에게 이미 들어 있으니 알 수 있지, 천재성이 들어 있지 않다면 아무리 가르쳐 주어도 알 수가 없습니다. 인간에게 꽃을 주면 좋아하는데 소에게 꽃을 주면 먹어 버립니다. 소니까 그렇지가 아니라 소에게는 꽃의 아름다움이 안에 없기 때문에, 아무리 소에게 꽃이 아름답다고 가르쳐 주어도 소는 아름다움을 알지 못하고 꽃을 먹어 버립니다.

세 번째는 생활관입니다. 지금까지는 외부에서 집어넣어야 되는 줄 알기 때문에 더 열심히, 죽기 살기로 공부했습니다. 그런데 이제부터는 안에 있는 것이 나오는 것이기 때문에, 웃어가며 감사하게 공부나 일을 할 수 있습니다. 나에게는 모든 것이 이미 다 들어있고, 언제든지 끄집어낼 수가 있으니 불안하거나 조급해할 필요가 없습니다. 그러니 편안해지고 감사할 수 있겠죠. 그러면 웃으면서 공부할 수 있거든요. 이러한 생활관을 항상 유지해야 합니다. 이 3가지 전제 조건을 알면 공부만이 아니라 모든 일을 잘 할 수 있게 됩니다.

앵커: 이론적으로는 이해가 가는데 그것을 안다고 실제로 잘 할 수 있을까요?

황수남: 유사 이래 모든 인류가 인간을 먼지같은 존재라고 믿어 왔기 때문에, 하루아침에 이러한 인간관으로 바꾸기가 쉽지 않습니다. 그래서 연습을 조금 하셔야 합니다. 저에게 상담 오시는 분들께 반드시 권하는 것이 있습니다,

위의 3가지를 실생활에 응용해서 삶이 즉각 좋아지게 하는 비법인데, 청취자 여러분들도 지금 바로 따라 하시면 됩니다. 공책을 하나 장만해서 제일 첫 줄에 '나는 아이큐 3333의 무한 천재, 무한 능력자다.' '내가 하는 일은 반드시 성공한다.' 수험생은 '나는 아이큐 3333의 무한 천재. 한번 본 것은 반드시 기억한다.'를 적으시고 두 번째, '아버지, 감사합니다. 어머니, 감사합니다.'를 적으셔야

합니다. 나무에 비유를 하면 뿌리는 부처님, 조상님, 줄기는 부모님, 열매는 자신입니다. 열매가 잘 되려면 뿌리나 줄기가 잘 되어야 합니다. 그러니 뿌리인 부모님께 무조건 감사해야 합니다.

그리고 마지막으로 물 티슈 한 장으로 매일 공부할 책상, 책, 학용품, 의자 등을 '감사합니다.' 하면서 깨끗이 닦아야 합니다. 우리들은 단순히 내가 합격하려고 공부한다고 하는데, 그런 것이 아니라 나 하나 합격시키려고 큰돈 들여 도서실도 만들어 두었고, 평생 연구해서 교재도 만들어 둔 것을 몇 만원만 주고 사거든요. 연필 하나도 내가 직접 만들려면 많은 돈과 노력이 들어가는데 쉽게 쓰라고 미리 만들어 두었거든요. 나 하나 합격시키려고 공무원 시험제도도 만들어 두었고, 문제 만드는 사람, 감독하는 사람, 채점하는 사람 등 수많은 사람들이 동원된 것입니다. 모든 것이 나를 위해 준비되어 있으니 얼마나 감사한 일인가요! 이렇게 감사한 마음을 내면서 공부를 하면, 마음도 편안해져서 공부도 잘되어 합격할 것입니다.

또 이렇게 연습해서 직장에 들어가 만나는 사람마다 웃으며 인사하고 감사하고 매일 정리 정돈 잘하면, 회사서도 인정받는 사람이 될 것입니다. 그러면 선배들이 우리 회사에 쓸만한 사람 들어왔다고 할 것이고, 이것이 후광효과가 되어 모든 일이 순조롭게 이루어질 것입니다. 이러한 것처럼 공부하는 동안에 감사하는 생활을 연습하면, 공부의 천재는 당연하고 삶의 천재가 되어 행복하게 살게 됩니다.

앵커: 삶의 천재가 된다는 말씀 잘 들었습니다. 끝으로 하실 말씀이 있으시면 해주십시오.

황수남: 전국에 시험공부를 하시는 모든 분들, 그리고 생활 전선에 계신 모든 분들, 여러분들은 모두가 부처의 자식으로 아이큐 3333의 무한 천재, 무한 능력자입니다. 이 무한 능력은 부처의 화신인 부모님께 감사하고, 하시는 모든 일에 감사할 때 즉각 우리 생활에 나타나게 되어 있습니다. 감사하면 모든 것이 제자리를 찾아가게 되어 반드시 행복해집니다.

지금의 삶이 만만하지 않을 것입니다. 그러나 이는 우리들에게 들어 있는 무한 능력을 끄집어 낼 수 있는 절호의 기회입니다. 화약이 밖에서 불이 붙으면 그 자리에서만 불타지만, 총구라는 압력 속에 들어가면 더 멀리 가고 정확성이 나옵니다. 나를 힘들게 하는 압력은 나를 살리는 것이지 결코 나쁜 것이 아닙니다. 절대로 좌절하지 마세요. 성공은 이미 우리 안에 있습니다. 우리 안에 있기 때문에 매 순간이 성공의 연속일 수밖에 없습니다. 지금부터 내 삶에는 성공밖에 없습니다. 한번 실패했다고 좌절하지 맙시다. 전 세계를 아무리 찾아봐도 글자 하나 나하고 똑 같이 쓰는 사람 아무도 없습니다. 온 인류 중에 나는 오로지 하나밖에 없습니다.

두려워하지 말고 나 스스로 반짝여서 두려움에 떨고 있는 이웃에게 빛을 줍시다. 그러면 그들 역시 무한의 빛으로 다시 태어납니다. 내가 먼저 빛으로 존재해야 합니다. 이것이 나와 그대 그리고 여러분이 존재하는 이유입니다. 여러분은 존재 자체가 무한 천재로 남들에게 꿈과 희망을 주는 존재입니다. 지금 살아 있는 여러분 자체가 세상을 밝히는 힘입니다. 그대가 바로 무한의 존재, 빛의 존재입니다. 그대가 하늘입니다! 그대가 부처입니다. 존재 자체가 빛이신 여러분! 힘내시고요, 항상 좋은 일만 생길 것입니다.

여러분! 사랑합니다.

학자나 연구원들이 하는 공부는 어렵고 단락 연계가 잘 안되기 때문에, 조금씩 잘라서 공부해야 하는 분권법으로 공부해야 합니다.

시험 쳐서 관문 통과하는 공부는, 전후 맥락을 알고 정답을 찾는데 특화된, 효율적인 공부법인 통권법으로 공부를 해야 합니다. 공부의 제일 큰 원칙은 통권법으로 하되 모르는 것만 공부하는 것입니다.

인간은 공부면 공부, 예술이면 예술, 사업이면 사업, 무엇이든지 다 해낼 수 있는 무한 천재, 무한 능력자입니다.

여러분들은 모두가 부처의 자식으로 아이큐 3333의 무한 천재, 무한 능력자입니다. 이 무한 능력은 부처의 화신인 부모님께 감사하고, 하시는 모든 일에 감사할 때 즉각 우리 생활에 나타나게 되어 있습니다. 감사하면 모든 것이 제자리를 찾아가게 되어 반드시 행복해집니다.

《아이를 천재로 키우는 법》
아이 키우기 힘들어요.

생각이

현재에 있어야 합니다.

아이 키우기 힘들어요.

초등 3학년, 5학년 아들을 둔 주부입니다. 요즘 아이들 때문에 고민이 많습니다. 코로나 때문에 아이들이 학교에 가지 않다 보니, 처음에는 같이 있는 시간이 늘어 맛있는 것도 해주고 아이들 이야기도 들어 주고 참 좋았습니다. 그런데 몇 주가 지나면서부터는 아이들을 혼내는 횟수가 차츰 늘어나더니, 요즘은 화내지 않고는 이야기가 안 됩니다. 이러지 말아야지 하면서도 잘되지 않아, 내가 아이들을 사랑한다는 것이 이 정도밖에 안 되나 할 정도로 자괴감이 듭니다. 아이들에게 화내지 않고 소통, 훈육하는 방법이 없나요?

앵커: 코로나 때문에 아이들이 학교에 가지 못하다 보니 집에 있는 시간이 많아졌고, 그 때문에 부모도 힘들고 아이들도 힘들다는 이야기는 아이들이 있는 집이라면 대부분 느끼는 점일 것입니다. 많은 가정이 이런 사정이 아닐까요?

황수남: 아이가 있는 가정이라면 대부분 이렇게 느낄 것입니다. 처음 코로나가 발생하고는 경제적으로 어려워졌다고 상담을 많이 오시더니, 요즘은 아이들과 같이 있는 시간이 많아지니 우울증에 걸렸다는 상담이 부쩍 늘었습니다. 눈에 넣어도 아프지 않을 사랑하는 아이들인데 같이 있는 시간이 많아지면 더 좋아야 하는데, 이상하게도 같이 있는 시간이 많은데도 불편해합니다. 참 아이러니입니다.

대개 힘들어하는 내용을 보면 아이들만 두고 직장에 가야 하는 것, 그리고 아이들만 있으면 제때 일어나지도 않고 제대로 공부하지 않는 것, 끼니를 챙겨 먹는 것 등이 있습니다. 이런 것들이 해결이 안 되니 부모가 걱정이 늘어나고, 또 걱정들이 쌓여 나중에는 화를 내거든요. 그런데 화만 나면 다행이지만 더 진행이 되면 아이들에게 소리 지르거나 때리죠. 부모의 화가 고스란히 아이들에게 가게 되는데 이것이 더 큰 문제입니다.

좀 더 정확히 이야기하면, 일차적으로 화가 나는 것은 부모만의 문제여서 큰 문제가 아닌데, 이차적으로 그 화를 아이들에게 소리 지르거나 때리는 것으로 표현하는 것이 문제입니다.

앵커: 화가 나면 자기도 모르게 소리 지르거나 때리지 않나요?

황수남: 대개는 그렇습니다. 화가 나면 표정이 굳어지고 목소리가 커지며 때리기도 하거든요. 그런데 1차적으로 화가 나는 것하고 2차적으로 소리 지르고 때리는 것은 다른 것입니다. 아이들은 그냥 놀뿐인데 노는 것을 보고 화가 나는 것은 '저러다 공부도 못하게 될 것이고 공부를 못하면 장래에 힘들어질 것이다.' 하며 생각이 현재에 머물지 못하고 미래에 가 있는 것이죠. 그러니 쓸데없는 걱정만 커지게 되는 것이고요.

일어난 일은 일어난 일일 뿐이라는 사건의 본질을 모르기 때문입니다. 소리 지르거나 때리는 것은 '아이는 부처의 자식으로 반드시 좋아진다.'고 믿어야 하는데 믿지 못하니, 아이가 좋아지는 것을 기다려 주고 응원하며 지켜볼 힘이 없기 때문입니다.

과거 학원장이었을 때 5학년 남학생의 이야기입니다. 아이가 학원에 들어오면서 "선생님, 저 오늘부터 나빠질거예요." 하는 겁니다. "왜 그러니?" 하니까 학교에 가는데 어제부터 아프다고 누워 계시던 어머니가 돈을 주면서 아침을 못 챙겨주니 간식을 사서 먹으라고 했답니다. 어머니가 아프니 아이는 학교에 있는 동안 걱정이 많았겠지요.

그래서 학교를 마치고 집에 오는 길에 죽을 사가지고 와서 어머니께 드린다고 "엄마, 죽 드세요."하며 들고 들어가다 문지방에 발이 걸려 넘어지면서 죽을 침대에 쏟았답니다. 이때 어머니의 반응이 "야, 너 왜 그래!" "내가 아파 누워 있는 것 안보이니?" "너 아니어도 골치 아파 죽겠는데 너까지 왜 그래!" "너는 가만히 있는 것이 도와 주는거야!" 라고 하며 소리를 지르더랍니다. 이 소리를 들은 아이는 풀이 죽어서 "오늘부터 나빠질거야."라고 하는 것입니다.

그런데 이 사건을 보면 죽을 쏟은 것은 분명 잘못되었지만, 아이는 어머니께 사랑을 전했습니다. 그런데 엄마는 죽 쏟은 것을 보고 과거의 기억이 되살아나 '저 아이는 덜렁거리는 아이, 조심성이 없는 아이, 배려심이 없는 아이'라고 생각을 했죠. 여기서 한발 더 나아가 '자라면 무엇이 될까?' 하는 걱정이 앞서서 사랑을 전한 아이 행동의 본질을 보지 못하고, 자기도 모르게 화가 나서 소리를 지르게 된 것입니다. 아무 생각 없이 자신에게 익숙한 화를 내서 일을

그르치게 만들었죠. 현명한 엄마라면

"어쩌면 그런 생각을 다 했니!"

"너에게 큰 사랑이 있구나."

"나도 생각하지 못한 것을 네가 생각을 다 하는구나. 고맙다. 아들아!"

"너는 남을 배려하는 참 고마운 마음을 가졌구나!"

"그 마음을 가지고 자라면 네가 간디나 데레사 수녀님, 부처님처럼 위대한 사람이 된단다."라고 했어야 하거든요. 물론 화는 납니다. 그렇지만 화가 나더라도 행동은 다르게 할 수 있거든요. 그런데 대개의 부모는 아이와 화 그리고 자신과 화를 동일시합니다. 그래서 자신이 화로 변하게 되고 자신도 모르게 좋지 않은 행동을 하게 되는 것입니다.

앵커: 왜 화를 내는지 알 것 같습니다. 작가님 어제가 어린이날이 잖아요. 그래서 아이 훈육에 대해 좀 더 생각을 해봐야 하는데요. 화가 나게 되면 자신이 내는 화와 대상을 분리하는 것이 필요하겠네요.

황수남: 네, 좋지 않은 일이 일어나면 그 일만 보면 되는데 순간적으로 생각이 과거의 좋지 않은 기억으로 흘러가서 과거에 머물게 되죠. 또 '이렇게 자라면 이 아이의 미래는 좋지 않다.'는 불안감에 생각이 미래로 가거든요. 생각이 화가 난 현재에 머물지 못하고,

지나가 버린 과거와 오지도 않은 미래에 가 있게 됩니다.

이것이 제일 큰 문제인데 사람들은 생각이 어디에 머무는지 모릅니다. 생각은 현재에 있어야 합니다. 이를 불교에서는 '찰라에 머물라.'고 가르쳐 주는데, 대개의 사람들은 생각이 과거로 또 미래로 가 있어서 불안과 공포에 쌓이게 됩니다. 이렇게 되면 아이만이 아니라 부모도 좋지 않은 환경에 놓이게 됩니다.

앵커: 그런데 우리들의 생각은 항상 이렇게 작용해 왔기 때문에, 화가 나게 되면 아이들을 때리거나 소리 지르게 되어 아이들 훈육에 실패하게 됩니다. 이러한 상태로는 아이들을 올바르게 훈육하기가 쉽지 않은데, 사실 화를 내거나 때리는 방법 외에는 다른 방법이 별로 없지 않나요?

황수남: 그것이 문제입니다. 정말 안타깝게도 우리나라 어디에도 아이들을 올바르게 훈육하는 매뉴얼이 없고, 훈육법을 알려 주는 데도 없습니다. 그냥 적당히 참지. 또 아이를 때려 놓고는 사랑의 매라고 위안을 한다든지, 부모의 기분에 따라 화낼 때도 있고 아닐 때도 있습니다. 아이 훈육에 기준이나 매뉴얼이 없으니, 아이만이 아니라 부모들도 상당히 힘들어 합니다. 우리나라의 자녀교육은 자신의 부모에게 배운 대로 하는 실정을 벗어나지 못합니다.

더 나아가 교육 당국이나 국가에서는 '네 아이 네가 알아서 키우라.'는 식으로 그냥 방치하는 수준에 불과합니다. 그러다 보니 각 가정에서 아동폭력, 아동학대가 빈번해도 정부나 교육 당국에서 어찌할 방법이 없습니다. 왜냐하면 교육 당국에서도 해결방법을 모르기 때문입니다. 며칠 전에 TV에서 초등학생이 쓴 시를 보고 깜짝 놀랐습니다.

「우리 집에 있는 것」이라는 시인데

우리 집에는 강아지, 냉장고, 엄마, 아빠가 있다.
강아지는 잘 놀아줘서 좋다.
냉장고는 먹을 것을 주어서 좋다.
엄마는 소리만 지른다.
아빠는 왜 있는지 모르겠다.

저는 시를 듣고 가슴이 뜨끔했습니다. 세상을 먼저 산 선배로서 후배들에게 '아이 키우는 방법 하나 만들어 주지 못했구나!' 하는 마음에 너무나 슬펐습니다.

앵커: 약 100년 전에 소파 방정환 선생님께서 세계 최초의 어린이 인권 선언문으로 불리는 '어린이날 선언문'을 발표했는데, 그중 어른들에게 당부하는 내용을 보면 어린이를 어른과 똑같이 독립된 인격으로 인정하라는 것이 있는데 정말 대단한 말씀이십니다.

황수남: 그렇지요. 100년 전이면 일제 강점기인데 그 시대에 벌써

아이를 독립된 인격으로 보라는 생각은 지금의 우리들에게 던지는 엄청난 메시지입니다. '어린이날 선언문' 내용을 좀 더 살펴보면 '어린이를 내려다보지 마시고 치어다 보아 주시오.' '어린이에게 경어를 쓰시되 늘 보드랍게 하여 주시오.' '어린이를 책망하실 때는 쉽게 성만 내지 마시고 자세히 타일러 주시오.'라고 선언하시며 '어린이는 민족의 미래'임을 강조했는데, 100년이 지난 지금에도 자녀 교육에는 화만 내고 소리 지르고 때리기만 하죠. 우리 모두가 자녀 교육에서 이 범주를 벗어나지를 못하기 때문에 부모도 힘들고 아이들도 힘듭니다. 참 안타깝습니다.

앵커: 정도의 차이지만 자녀 교육에서는 모두가 자유롭지 못할 것입니다. 그런데 '체벌'이나 '제재'를 해야 나쁜 것이 고쳐지는 경우도 있으니 벌이 꼭 나쁜 것은 아니지 않나요?

황수남: 일견 그렇게 보일 수 있습니다. 그런데 화를 내고 제재를 가하는 것이 문제가 아니라, 화와 내가 동일시되고 화와 대상 즉 화와 아이가 동일시되는 것이 문제입니다. 겉으로는 화가 나더라도 마음은 평화로울 수가 있거든요. 아주 어린 아이들이 어른을 때리면 겉으로는 '이놈!' 하지만 마음속으로는 귀엽고 예쁘거든요. 격투기 선수들이 겉으로는 싸우지만 마음에서는 화를 내며 싸우는 것이 아니잖아요. 이런 것처럼 화와 자신, 그리고 화와 대상은 분리해야 합니다.

그런데 이보다 더 좋은 것은 체벌이 좋다, 나쁘다를 떠나서 체벌이나 제재를 가하지 않고 좋아지게 하는 방법, 아예 나쁜 일을 하지 않게 하는 방법이 제일 좋습니다. 체벌이 좋은지 아닌지를 말하기 전에 우리나라 최고의 교육전문가를 모아 놓고, 아이를 때리면 좋을까 아닐까를 토론에 붙이면 결론이 날까요?

앵커: 결론이 쉽게 나지 않을 것입니다.

황수남: 그렇다면 우리나라 교육이 뭐냐는 결론이 나옵니다. 전문가의 결론이 '적당히 때리지' 정도에 그칠 것인데, 그렇다면 일반 가정에서는 부모의 기분에 따라 아무런 대책 없이 체벌이 행해질 수밖에 없거든요. 문제가 참 큽니다. 각 가정이나 유치원, 학교 등 현장에서 당장 아이들을 훈육해야 하는데, 아무나 따라 할 수 있고 즉각 효과가 나타나는 훈육법 하나 만들지 못하는 우리나라 교육 당국이나 전문가들이 정말 관심을 가져야 합니다.

　그러니 가정에서는 자신의 부모에게 배운 대로 아무런 죄책감 없이 소리 지르거나 때리기만 하거든요. 더 무서운 것은 이렇게 배운 아이들이 학교에 가서 폭력을 저지르게 되고 왕따를 시키게 되는 것입니다. 우선 벌의 종류를 알아보면 때리기, 위협하기, 금지하기, 내쫓기, 무관심하기, 모욕주기, 일 시키기, 굶기기 등이 있는데 하나같이 부모와 자녀의 신뢰가 파괴되고 아이들에게 비열함이나 심술을 조장하게 되고 자신감을 잃게 합니다. 이를 보는 부모 역시

'내가 이것밖에 안 되나?' 하며 자괴감이 들게 됩니다.

앵커: 그렇겠네요. 아이들만 나빠지는 것이 아니라 부모 역시 나빠지겠네요. 이러한 벌들의 나쁜 영향이 어떤 것이 있는지 한번 봐야 할 것 같습니다.

황수남: 우리나라 대개의 성인들은 '우리들도 다 맞고 컸는데, 부모 자식 간에 좀 때리면 어때! 내 자식 내가 때리는데 뭐가 문제야!' 라고 생각을 하시는 분들이 대부분입니다. 제가 강의갈 때마다 조사해 보는데 '한 번도 맞지 않은 분 또 자식을 한 번도 때리지 않은 분 손 들어 보세요?' 하면 거의 없습니다. 우리가 겉으로 말을 안 하는 것뿐이지 모두가 이러한 상황입니다. 또 부모 자식 간의 폭력에 대해서는 사회에서 가족 간의 일이라고 무감각하고 당연하다고 받아들이는 형편입니다.

먼저 벌 중에서 제일 폭넓게 행해지는 때리기에 대해 말씀드려 보겠습니다. 좋지 않은 일을 했을 때 아이를 때리게 되면 그 순간은 그것이 고쳐진 것처럼 보이지만 절대로 그렇지 않습니다. 때리는 제재가 없어지면 또다시 나쁜 짓을 하게 되고요. 더 문제되는 것은 아이들이 맞으면 그 일에 대해 피드백을 해서 무엇이 나쁜지 생각해 볼 여지가 없어지고 적개심만 생깁니다. 더 나아가 '한대 맞았잖아. 이것으로 끝이야!' 하는 죄값을 치른 것이 되고 면죄부를 주게 됩니다.

또 부모로부터 문제 해결법을 때리는 것으로 배우게 되어 문제만 생기면 남을 때리게 됩니다. 우리는 단순히 '내 자식 한 대 때렸을 뿐이야.'라고 생각을 하는데, 이것이 아니라 우리나라 전체가 문제 해결법을 남을 때리는 것이라고 아이들에게 가르치는 것이 됩니다. 이것이 제일 큰 문제입니다.

이 폭력적인 방법이 우리나라 전체에 퍼져 있어서 큰 문제가 되고 있죠. 코로나 이후 국격이 급격히 높아지는데, 이러한 것부터 끊어야 진정한 글로벌 리더국, 선진국이 됩니다.

앵커: 이해는 가고 백번 맞는 말입니다. 해결법이 있을까요?

황수남: 이것은 몇 시간을 다뤄야 하는 문제인데, 우선 누구든지 따라할 수 있는 방법을 말씀드리겠습니다. 제가 약 20년 연구해서 만든 '1분 꾸지람'이라는 방법인데, 이것을 실행하기에 앞서 두 가지가 전제되어야 합니다.

첫째가 '인간은 모두가 부처의 자식으로 나쁜 것은 하나도 없다.'는 것입니다. 부처의 자식인 내 아이 역시 아이큐 3333의 무한 능력자로 본래부터 훌륭하다는 것이 전제가 되어야 하고요.

두 번째는 아이가 나쁜 일을 저지르는 것처럼 보이는 것은 부모 마음이 투영된 것이고 아이가 '엄마, 나 외롭고 힘들어 나 좀 사랑해 주세요.' '엄마 마음을 사랑으로 바꾸세요.' 하는 신호인 것이지 절대로 나쁜 행동이 아니라는 것입니다. 그 아이가 엄마 마음이 어디가 불편한지 보여주는 부처라고 알아차리는 것입니다.

이 방법은 아이가 좋지 않은 행동을 했을 때 언제 어디서나 즉각 시도해야 합니다. 아이를 가까이 오게 해서 두 손을 잡고 앉아서 하든지 서서 하든지 관계없는데 반드시 두 눈을 마주 보아야 합니다. 그 후 잘못한 일을 30초 안에 있는 그대로 말합니다. 형이 동생을 때린 경우를 예로 들어보겠습니다.

"지호야 이리 오너라, 아빠(엄마) 눈을 봐라."

아이가 눈을 보면

"지호야, 네가 동생을 또 때렸구나."

"네가 동생을 때리면 속상하단다."

"네가 동생을 때리면 동생도 아프고 너도 마음이 편치 않단다."
"동생을 때리는 것을 보면 때리지마라 했던 아빠의 충고를 잊은 모양이구나."

이렇게 행위에 대한 인식 부분인 1부가 끝나는데, 여기서 제일 중요한 것이 '네가 나쁘구나가 아니라 너는 좋은 아이인데 잠시 잊었구나.'라고 해야 하는 부분입니다. 이 부분은 아이와 죄가 동일시 되는 것을 피하는 장치입니다. 그리고 여기서는 동생을 때린 상황을 예로 들었는데 어떤 상황이던지 '때렸구나.' 부분만 바꾸면 됩니다.

이렇게 한 후 잠시 호흡을 고르고, 목소리와 표정을 온화하게 바꾸고 아이와 대화를 이끌어 갑니다.

"아빠(엄마)가 너를 왜 꾸짖고 있지?"

"동생을 때렸기 때문이예요."

"네가 아빠(엄마)말을 잊을 때는 어떻게 할까?"

"아빠(엄마)가 또 꾸짖을 거예요."

"아빠(엄마)가 이렇게 하는 이유를 아니?"

"아빠(엄마)가 나를 사랑하기 때문이예요."

(안아주며)

"그래 나는 너를 사랑한단다. 너는 멋진 내 아들이란다."

"너는 착하고 바른 아이여서 앞으로는 절대로 이런 행동을 하지 않을거야."

"나도 좋은 아빠(엄마)가 되려고 노력할게."

"지호야 사랑해!"

"아빠(엄마) 사랑해!"

이렇게 1분 안에 끝내는 것입니다. 그러면 아이도 상처받지 않고 부모도 화내지 않는 자신이 대단하다고 느끼실 것입니다. 두어 번만 이렇게 하면 같은 실수를 아이가 하지 않게 됩니다. '1분 꾸지람'은 인간의 위대성을 인정하고 불러내는 것이거든요. 그래서 아이도 훌륭해지고 부모도 훌륭한 스승으로 자리매김하게 됩니다.

앵커: 아이가 상처받지 않고 부모가 스승이 되는 '1분 꾸지람'은 배우기 쉽고 효과도 좋을 것 같습니다. 끝으로 하실 말씀 있으시면?

황수남: '1분 꾸지람'은 사실 아이 훈육법이라기보다 부모 마음 수

양프로그램입니다. 이것을 시행하다 보면 부모 마음이 어떻게 작용하는지 알아차리게 되고, 마음이 정리가 되어 반드시 좋은 결과를 가져옵니다. 기존의 방법으로는 절대로 좋아지지 않고 오히려 관계만 나빠집니다.

아이의 행복을 위한다면 새로운 길을 가야 합니다. 이 새로운 변화가 아이를 훌륭하게 키워내고 훌륭한 사회 구성원으로 자라게 할 것입니다. 아이들이 자라 우리나라를 글로벌 리더의 나라로 만들 것입니다. 그래서 올바른 훈육이 중요합니다. 우리의 미래는 아이들에게 달려있습니다. '1분 꾸지람' 방법을 익히셔서 존경받는 부모, 스승이 되는 부모가 되시고 행복과 기쁨에 찬 가정, 아이들에게 꿈과 사랑을 주는 가정, 더 나아가 인류를 이끌어 갈 자녀를 키워내는 가정이 되시길 바랍니다.

'1분 꾸지람'이라는 방법인데, 이것을 실행하기에 앞서 두 가지가 전제되어야 합니다.

첫째 '인간은 모두가 부처의 자식으로 나쁜 것은 하나도 없다.'는 것입니다. 부처의 자식인 내 아이 역시 아이큐 3333의 무한 능력자로 본래부터 훌륭하다는 것이 전제가 되어야 하고요.

둘째 아이가 나쁜 일을 저지르는 것처럼 보이는 것은 부모 마음이 투영된 것이고 아이가 '엄마, 나 외롭고 힘들어 나 좀 사랑해 주세요.' '엄마 마음을 사랑으로 바꾸세요.' 하는 신호인 것이지 절대로 나쁜 행동이 아니라는 것입니다. 그 아이가 내 마음이 어디가 불편한지 보여주는 부처라고 알아차리는 것입니다.

《삶의 통찰력을 얻는 법》
지혜롭게 살고 싶어요.

인간은

본래 깨달음, 지혜

그 자체다.

# 지혜롭게 살고 싶어요.

상계동에 살고있는 63세 된 사람입니다. 며칠 전 정기 검사를 하러 병원에 갔더니 대장 쪽에 문제가 심해서 병원에 입원중입니다. 온몸에 힘이 빠져 걷지도 못하겠고 별의별 생각이 다 듭니다. 제 삶이 다사다난했는데 지금 돌이켜 보면 통찰력을 가지지 못하고 지혜롭게 살지 못한 것 같습니다. 어떻게 하면 통찰력을 가질 수 있나요?

앵커: 우선 사연을 보내주신 분의 쾌유를 빕니다. 통찰력을 가지고 지혜롭게 산다는 것은 모두의 희망 아닐까요?

황수남: 네, 그렇습니다. 사연 주신 분이 건강한 마음을 내신것에 감사드립니다. 다른 분들 같으면 병원비가 얼마 나올까? 재수 없이 나한테 이런 병이 걸렸을까를 먼저 생각 하실건데, 자신의 삶을 되돌아보고 지혜를 얻고자 하니 말입니다. 요즘 의술이 워낙 좋으니까 반드시 좋은 결과 있으리라 생각합니다.

우리의 삶은 절체절명의 순간이 되어야 자신을 되돌아보고 왜 이런 일이 생겼는지에 대한 해법을 찾으려 하는데 위기를 맞이하기 전에 이러한 의문을 가지면 삶이 풍요로워지고 더 나아가 지혜와 통찰력을 얻어 선각자가 되는데 아쉽습니다. 통찰력이란 전체, 전모를 아는 것으로 이를 지혜라고 합니다. 지혜롭게 살고 싶은 마음, 통찰력을 얻어 삶의 전반을 훤히 알고 싶은 마음은 꼭 이분만이 아니라 인류의 공통된 마음일 것입니다.

인류 공통의 마음이란 인류의 공통 가치를 말하는데, 이는 우리 모두가 공통으로 가지고 있는 것을 지칭합니다. 그래서 인간의 본질을 밝힌 종교, 철학의 중심에 지혜, 통찰력이 자리하게 됩니다. 기독교의 전지전능, 불교의 반야의 지혜, 소크라테스의 너 자신을 알라, 맹자의 인의예지, 노자의 도덕, 복희의 주역 등 모든 것이 지혜, 통찰력을 말합니다. 지혜가 인간 안에 공통으로 들어 있기 때문에, 모두가 지혜롭게 살기를 희망하는 것입니다.

앵커: 작가님 말씀대로라면 지혜롭게 살기를 희망하는 것은 지혜가 이미 인간 안에 있기 때문이라는 것인데, 우리의 삶을 보면 지혜롭게 사는 것 같지가 않거든요.

황수남: 그것은 지혜와 지식을 혼돈하기 때문입니다. 지식이 많은 것을 지혜롭다고 착각하기 때문인데, 예를 들어 사과 맛이 어떤지에 대해 요리 연구가나 과학자들이 연구를 하면, 양분이 무엇이며 맛이 새콤달콤하다는 등 수천 권의 책이 나올 것입니다. 그런데 그것으로 사과 맛을 알 수 있을까요? 절대로 모릅니다. 먹어봐야 알거든요. 사과 맛이 달다. 비타민이 많다는 등 이런 지식 가지고는 안 됩니다.

좀 더 들어가 봅시다. 음식에 맛이 있을까하는 문제입니다. 모두가 맛있다고 하는 맛집에서 아주 맛난 음식을 먹는데, 옆 테이블에서 아주 지저분한 이야기를 하면 입맛이 뚝 떨어지죠? 왜 그럴까요? 음식도 같은 음식이고 사람도 같은 사람인데 말입니다. 또 볼까요? 처음 한 그릇 먹을 때는 아주 맛있었는데 두 그릇, 세 그릇 먹으면 맛도 없어지고 나중에는 토할 것입니다. 왜 그럴까요? 배가 불러서요? 아닙니다. 배가 불러서 맛이 없어지는 것이 아닙니다.

우리들이 가난했을 때 배가 고파 배가 터질 만큼 물로 배를 채울 때가 있었습니다. 그럼 배부르다고 안 먹고 싶어지나요? 더 먹고 싶어질걸요. 이러한 것처럼 배가 불러서 맛이 없어지는 것이 아니라 음식 자체에는 맛이 없기 때문입니다. 맛은 음식이라는 물질 속에 있는 것이 아니라 의식의 작용이라는 생각 속에만 있습니다. 이것이 지식의 한계입니다. 지식은 지혜롭게 할 수 있는 일정 부분의 단초는 되지만 통찰력을 얻기가 어렵습니다.

앵커: 그런데 우리들은 책을 많이 보고 많이 배우면 지혜로워진다고 배웠거든요.

황수남: 일부분은 맞습니다. 지식과 지혜가 무엇인지 부처님의 예를 들어 보겠습니다. 부처님은 왕자로서 최고의 스승한테 온갖 지식을 배워서 모르는 것이 거의 없었을 것입니다. 그런데 하루는 산책을 하다가 새가 벌레를 쪼아 먹는 것을 보았습니다. '새가 벌레를 먹는구나. 살려면 당연히 먹어야지.'가 아니라 '어, 하나가 사니까 하나가 죽는구나! 왜 그렇지?'하는 의심이 드는 겁니다. 궁금해

서 박식한 스승한테 물어봅니다. "스승님, 왜 하나가 사니까 하나가 죽나요?" 하고 물으니 아무도 대답 못하죠. 국왕이신 아버지도 모릅니다. 이렇게 의문을 가지니까 지식은 별게 아니라는 것을 알게 되죠. 왕위도 아무런 관심이 없게 됩니다.

이때부터 당연한 지식이 쓸모없게 되고 당연하던 모든 것이 의문투성이가 되는 겁니다. 사람은 나이 들면 당연히 늙는 것이 보편의 지식인데 부처님은 이 지식에서 한 단계 더 들어가서, '왜 늙지, 늙으면 왜 저렇게 추하게 되지?' '왜 아프지?' '왜 죽지?' 하는 문제의식을 스스로 갖게 되었죠. 그래서 고민을 해서 생로병사를 벗어나는 궁극적인 지혜, 통찰력을 얻게 되어 인류를 구원하시는 겁니다. 그래서 지혜를 얻자면 제일 먼저 스스로 의문을 가지는 '자발적 의문'이 있어야 합니다.

앵커: 통찰력을 얻기 위한 첫 단계가 스스로 의문을 가지는 것이라 했는데 두 번째 단계는 무엇인가요?

황수남: 집요하게 '왜 그럴까' 하며 탐구하는 '집중'입니다. 불교에서는 이것을 선정이라 합니다. 사실 선정에 들게 되면 오로지 그것만 생각나지 다른 생각이 안 나게 됩니다. 밥을 먹거나 일을 할 때, 걸을 때, 심지어 꿈속에서도 그것만 생각하게 됩니다. 그런데 자발적 의심을 가지고 선정에 드는 것이 부처님이기에 가능하지 일반인들은 힘든다고 하는데 그렇지 않습니다.

위의 질문자를 예를 들어보면 그냥 가볍게 '왜 아플까?'하고 생각해 보는 겁니다. 그러면 대개 스트레스 받아서, 음식을 잘못 먹어서라는 등의 답이 떠오를 겁니다. 그런데 한두 번 더 생각해 보면 이것이 답이 아니라는 것을 알게 됩니다. 지금 배가 아픈 채로 잠이 들면 아픔은 사라지죠?

아까 물질인 음식에 맛이 없다고 했던 것처럼 부처님께서 색즉시공이라 하셨고, 모든 인간에게는 생로병사가 없다고 하셨거든요. 부처님께서 허언을 하실 분은 아닌데, 나는 병을 가지고 있는데 병이 없다고 한다. 그러면 이 문제는 세상 모든 지식으로 이해가 된다, 안된다? 당연히 안된다. 그럼 이게 뭐지? 부처님이 거짓말하시나? 비유하시나?

답이 꽉 막히고 생각이 다 끊어집니다. 절벽에 선 느낌일 것입니다. 백척간두죠. 온갖 지식을 다해도, 인공지능을 다 돌려도 모릅니다. 그냥 이렇게 삶에서 일어나는 일에 의심을 가지고 부처님 말씀에 계속 비추어 보는 겁니다. 우리 이런 말 많이 하죠. 시절 인연이 되어서 병이 왔다가 연이 다하면 물러간다는 이런 류의 말은 이치를 모르는 것이기 때문에 단박에 좋아질 수가 없습니다.

앵커: 일단 부처님께서 병이 없다 했는데 나는 지금 병을 앓고 있다. 이게 뭐지? 하는 의심까지는 일반인들이 있다고 하지만 생활이 바쁘다 보니 집중하기가 어렵죠?

황수남: 우리의 생각은 답이 꽉 막히는, 다시 말해 생각이 끊어지는 궁극적인 질문에 접촉하게 되면 수시로 그 생각이 나게 되어있습니다. 그나마도 어렵다고 하니 쉽게 접근해 봅시다. 최고의 선각자이신 부처님께서 친절하시게도 우리들에게 색즉시공, 다시 말해 물질은 공하다고 하셨습니다. 그런데 우리들은 이것을 '물질이 공하니 추구하지 말자.' 이 정도로 해석을 하는데 그런 것이 아니라, 색즉시공은 '물질 없다.' 바로 이렇게 해석해 버려야 합니다.

우리는 중학교만 들어가도 원자에 대해 배웁니다. 물질의 최소 단위는 분자인데 더 잘게 쪼개면 원자가 됩니다. 원자는 물질이 아니지요. 원자를 더 쪼개면 핵과 전자가 나오는데, 핵을 사람 몸만큼 키우면 전자와의 거리는 달 만큼 멀어집니다. 텅 비어 있지요. 자, 그럼 우리 몸은 원자로 이루어져 있는데 원자는 텅 비어 있으니 몸이 없죠. 아플 몸이 없습니다. 몸이 없는데 병이 어디 있나요? 색즉시공이 육체 무無가 됩니다. 병의 지지 기반이 없어지고 '병은 없다.'가 되죠, 즉각 병에서 해방이 됩니다. 인간에게 병이 없으니 병에서 낫게 되지 본래 병이 있다면 절대로 병에서 낫게 될 수가 없습니다. 이것이 부처님이 말씀하신 생로병사에서의 초탈, 병에서의 해방입니다.

병이 없으면 무엇이 있느냐 하면, 태어나지도 병들지도 늙지도 죽지도 않는 완전한 생명, 생로병사에 저촉되지 않는 완전한 부처만 있게 됩니다. 그것이 바로 우리들입니다. 이렇게 되면 이것저것의 지식이 아니라 전체가 확 보이게 됩니다. 이를 불교에서는 깨달음, 확철대오라 하고 일반적으로는 통찰력 또는 지혜라 합니다. 그런데 정말 중요한 것은 지혜나 통찰력, 깨달음은 외부에서 왔느냐 하면 본래부터 가지고 있었습니다. 가지고 있었다는 표현보다 인간은 본래 깨달음, 본래 지혜 자체입니다. 그러니 '나는 깨달은 사람이다. 나는 지혜로운 사람이다.'라고 인정하는 일이 제일 중요합니다.

앵커: 그런데 통찰력만 가지고는 사회에서 일처리 하는데 조금 부족하지 않나요?

황수남: 그렇지요. 우리들은 사회를 떠나서는 살 수가 없으니 그 시대에 맞는 지식이 필요하지요. 그런데 중요한 것은 전모를 알고 지식을 쌓는 것과 그냥 지식만 쌓는 것은 크게 차이가 납니다. 항상 왜 그럴까 하는 의심을 가지고 일을 하는 것이 제일 중요하거든요. 같은 의사라도 환자니까 주사 놔 주고 약 주는 의사하고, 저 환자가 왜 아플까를 의심하며 진료하는 의사는 다르거든요.

인천 관교동에 유명한 내과 원장님은 환자들이 왜 아픈지, 또 왜 병이 낫는지, 같은 약을 주는데 누구는 낫고 누구는 안낫는지가 그렇게 궁금했답니다. 그래서 이 궁리 저 궁리 해 봐도 모르겠더랍니다. 그런데 어느 날 진통제로도 잘 통하지 않을 만큼 엄청나게 고통을 호소하는 분이 오셨는데, 침대에 잠시 누워 계시라고 했는데 잠이 들더랍니다.

그런데 잠이 들자마자 이분이 아픈 기척도 없다고 합니다. 우리들은 잠이 들면 '당연히 안아프지' 하는데, 이 원장님은 아픈 부위는 그대로인데 '잠이 들었다고 아픔을 느끼지 못하는 것은 무슨 조화지?'하는 의문이 일어나더랍니다. '잠든다는 것은 생각이 가라앉은거다. 생각이 가라앉으니 아픔이 없어진다.'

그렇다면 육체는 아픔을 느끼지 못하는 단순한 물질이다. 그럼 병이 낫는 것은 약이나 주사라는 물질이 아니라 생각이라는 결론을 내게 됩니다. 그 이후 원장님의 처방이 무엇인가 하면 주사는 거의 쓰지 않고요. 약도 한번 먹을 정도만 처방하고 "약 드시지 마세요. 약으로 병이 낫는 것이 아닙니다. 감사하세요." 하며 감사처방을 내립니다. 그런데 희한하게 내과인데 아토피도 낫고 우울증도 낫고 중풍도 낫고요.

환자들이 백령도에서도 오고 청송, 봉화, 청주 등 전국에서 환자들이 몰려들어 화장실 갈 시간도 없다 하거든요. 그래서 원장님이 쓰신 책이 『환자는 아픈 척하고 의사는 치료하는 척한다』입니다. 그래서 의심을 가지고 탐구를 해서 전모를 안 다음에는 책을 읽어야 합니다. 거대구조인 우주의 운행원리와 물질세계의 구성원리, 미세구조인 미립자 에테르에 대한 책을 읽으면, 미세구조와 거대구조가 다차원 일체라는 것을 알게 됩니다.

그리고 생명세계에 대해 기본적인 책을 읽고 인류문명에 대한 책을 읽어야 이 세계가 어디로 가는지 알게 됩니다. 역사에 관한 책을 읽으면 민족사를 알게 되고, 우리나라의 민족사를 알면 우리나라의 방향을 알게 됩니다. 그리고 정신작용에 대한 책을 읽으면 통찰력이 촘촘이 채워질 것입니다.

앵커: 통찰력을 얻어 지혜롭게 살려면 제일 먼저 자발적인 의문을 가지고 사물을 봐야 한다는 말씀이 가슴에 와 닿습니다. 끝으로 하실 말씀 있으시면?

황수남: 통찰력이 생겨 지혜로워지면 세상의 전모를 알게 됩니다. 그러면 의심이 경이로움으로 바뀌고, 일상 일어나는 모든 일이 깜짝 놀랄 만큼의 경이로움과 환희에 차게 됩니다. 지혜와 통찰력의 끝은 경이로움과 환희입니다. 힘들게 경이로움과 환희를 얻는 것보다, 거꾸로 경이로움과 환희에 찬 생활을 하면 지혜롭게 살기가 훨씬 쉬워집니다. 이제 당연한 일상에 기뻐하고 깜짝 놀랍시다.

뉴우튼은 사과가 아래로 떨어지는 것을 보고 깜짝 놀랐습니다. '왜 사과가 옆으로 날아가거나 하늘로 올라가지 않고 아래로 떨어질까?' 이 당연한 사실을 보고 놀라서 연구에 연구를 해서 만유인력을 발견해서 과학 역사를 바꾸었습니다. 아르키메데스가 목욕탕에 들어가니 물이 넘치는 것을 보고 깜짝 놀라 '유레카!'라고 외치며 알몸으로 뛰쳐나왔죠. 우리는 '물에 들어가니 물이 넘치지.'하며 당연하다고 합니다. 그로 인해 부력을 알게 되고 부피를 계량할 수 있고 엄청난 과학의 발전을 이루었습니다.

와트는 주전자의 물이 끓을 때 뚜껑이 열리는 것을 보고 깜짝 놀라, 그 힘을 이용하여 증기 기관을 만들고 산업 혁명을 이끌어 냈습니다. 또 예수님은 이 지상에 아버지가 안 계신 것을 알고 신세를 한탄한 것이 아니라, 깜짝 놀라 '아버지는 어디 계시지?'하고 수많은 명상 끝에 '아! 나의 아버지는 지상의 아버지가 아니라 하늘의 아버지구나.'하고 깨달으셔서 인류를 구원하셨습니다.

세상 사는 것에, 당연한 것에 감사하며 깜짝 놀라야 합니다. 그것에 사는 힘이 있습니다. 숨 쉬는 것에 놀라고 아침에 눈 뜨는 것에 놀라자! 무슨 법칙이 지배하기에 어제 놓아둔 물건이 제자리에 그냥 그대로 있는 것에 놀라야 합니다. 모든 생활에서 '유레카'하고 외쳐야 합니다. 살아 있음에 놀라자. 볼 수 있음에 놀라자. 먹을 수 있음에 놀라자. 들을 수 있음에 놀라자. 숨 쉴 수 있음에 놀라자! 그러면 베토벤이 되고 라파엘로가 되며 뉴턴이 됩니다.

살아 있는 것 자체가 생명의 놀라운 힘입니다. 얼마나 경이롭고 아름다우며 감사하고 또 축복받은 세상인가요. 경이로움에 깜짝 놀라서 환희에 찬 생활을 하면, 세상의 모든 지혜를 얻게 됩니다. 지혜를 얻으신 여러분! 축복합니다.

우리는 태어나지도 병들지도 늙지도 죽지도 않는 완전한 생명, 생로병사에 저촉되지 않는 완전한 부처입니다.

살아 있는 것 자체가 생명의 놀라운 힘입니다. 얼마나 경이롭고 아름다우며 감사하고 또 축복받을 세상인가요. 경이로움에 깜짝 놀라서 환희에 찬 생활을 하면, 세상의 모든 지혜를 얻게 됩니다.

Part 4

노년의 삶과 조상 모시기

《노년의 삶 1》
내 나이 70, 어떻게 살아야 하나요?

우리의 삶을 풍요롭게 하고,

외롭지 않게 하려면,

베풀면 베풀어진다는

황금률의 법칙을 따르는 것입니다.

내 나이 70, 어떻게 살아야 하나요?

2년 전에 상처를 한 75세 노인입니다. 자식들은 같이 살자고 하지만 현실적으로 여의치 않아 혼자 살고 있는데 밥하는 것, 빨래하는 것 등 모든 것이 서툴러 힘이 듭니다. 그것보다 더 힘든 것은, 할 일이 없어서 내 스스로가 필요 없는 사람인 것처럼 느껴지는 것과 어디 말 하나 붙일 곳이 없는 외로움입니다. 어찌 살아야 하나요?

앵커: 좀 안타까운 사연이지만 한 번쯤은 생각해 봐야 할 문제인 것 같습니다. 이러한 문제는 누구나 겪어야 하는 문제 아닌가요?

황수남: 이 질문은 지난주에 청취자님이 저에게 찾아오셔서 몇 시간을 이야기하고 가신 분의 질문을 정리한 것인데, 이 문제는 어느 한 사람만의 문제가 아니라 모두가 겪어야 하는 문제라고 생각합니다.

우리 선배님들 세대가 전쟁 겪고 못 배우고 못 먹어 가면서 평생을 열심히 살아주신 덕분으로 우리나라가 이 만큼 성장했는데, 존경은 고사하고 고작 돌아온 것은 절실한 외로움과 가난이거든요. 지금 초고령화 시대에 나타나는 이러한 문제는 어느 누구도 상상하지 못했고, 국가에서도 처음 겪는 일이라 어찌해야 할지를 모르는 문제입니다.

앵커: 우리나라가 생긴 이후로 처음 대하는 초고령화 시대이기 때문에 많은 부분에서 혼란스러울 것 같은데 어떤 문제들이 있나요?

황수남: 불과 몇십 년 전만 하더라도 환갑잔치를 했습니다. 그런데 이제는 환갑잔치라는 말 자체가 없어졌습니다. 60살이면 청년이라 할 만큼 건강하거든요. 그런데 60살이면 거의 현역에서 물러납니다. 그래서 80살까지 산다고 하더라도, 약 20년은 무엇인가는 해야 하는데 할 일이 없습니다.

또 더 문제가 되는 것은 부부가 같은 날 죽을 수는 없습니다. 누군가가 먼저 죽거든요. 그렇다면 혼자 살아가야 하는데 혼자 남은 어른들이 겪는 외로움, 이것이 만만치가 않습니다. 어르신들과 이야기 나눠 보면 제일 먼저 나오는 말이 '영감이 먼저 죽어야 하는데…' 이거든요. 혹여나 남편을 두고 아내가 먼저 죽으면 이거야말로 큰 문제가 됩니다. 그러니 혼자 사는 연습을 미리 해야 합니다.

십수 년 전에 100세 시대가 된다고 대대적으로 홍보했던 때가 있었습니다. 국가나 보건 당국에서도 좋은 일이라고 자랑을 하고 많은 분들이 아주 좋아했던 때가 있었습니다. 그때 저는 100살까지 살게 된다는 말을 듣고 며칠 밤잠을 못 잤습니다. 100살까지 '무엇을 해서 먹고 살지?'하는 생각 때문에 머리가 쭈뼛 서는 듯했습니다.

내가 100살이면 내 딸이 70살인데 그 아이한테 용돈 달라고 할 수 있을까? 내 자식도 노인이 되어 저 하나 살기도 버거울 텐데…
저는 이 생각에 잠을 못 잤습니다. 그때 제일 먼저 떠오르는 말이
빠삐용 첫 장에 나오는 '살며 죽어가는 길'이었습니다.

아무런 할일 없이 100살까지 산다. 과연 살아 있다고 할 수 있을
까? 지금 우리들이 준비를 못한다면 살아도 산 게 아니게 되거든
요. 우리가 노인이 되었을 때 경제적인 문제, 일거리, 그리고 외로
움을 어떻게 해결하고 어떻게 살지가 큰 문제로 개인만의 일이 아
니라 우리나라 전체의 문제입니다. 고령화 사회에 대두되는 문제
를 보면 경제적인 것과 일거리 그리고 외로움 등이 있는데, 그중에
서도 외로움이 제일 힘들 것이라고 생각을 합니다. 그런데 정작 우
리들은 노인으로 사는 것에 아무런 준비를 하지 못했습니다.

앵커: 정말 우리들은 아무런 준비를 하지 못하고 사는 것이 아닌가
싶네요. 저도 작가님이 말씀하신 것처럼 외로움이 제일 큰 문제라
고 생각을 합니다.

황수남: 외롭지 않으려면 자식들하고 사는 것이 제일 좋은데, 현실
적으로는 불가능합니다. 그렇다면 친구를 많이 사귀는 것인데 말
이 쉽지 이것 역시 나이 들면 쉽지 않습니다. 그래서 대안으로 나
온 것이 노인들끼리 모여 사는 시니어타운입니다.

우리나라에도 시니어타운 건설 붐이 일어나 수원과 청평, 고창
지역 등에 시니어타운이 많이 들어서고 있고, 경제적 여력이 있는

노인들이 그곳으로 몰리고 있습니다. 시니어타운에는 골프장, 테니스장, 수영장, 산책로 등이 있고 취미클럽 활동이 많아, 노인들은 이곳을 백세시대의 낙원으로 생각하고 있습니다. 우리나라는 시니어타운의 역사가 얼마 되지 않아 그곳이 최고라고 생각을 하는데, 외국의 시니어타운을 보면 그렇게 좋은 것만은 아닙니다.

백세 시대의 노인촌이 어떻게 변해가는가에 대한 〈뉴욕 타임즈〉 특집 기사를 보면, 대개 부부가 같이 시니어타운에 들어가는 경우가 많은데, 점차 시간이 지날수록 싱글 노인 인구가 늘어나게 되고, 종국에는 85세 이상 된 힘없고 노쇠한 독거노인이 남아 독거노인 촌처럼 변해가게 된다고 합니다. 특히 혼자 사는 남자 노인들은 집을 자주 청소하지 않아 쓰레기가 쌓이고, 그로 인해 타운 전체가 지저분해져서 젊은 사람들이 입주를 꺼리게 되어, 아파트값도 떨어져 타운의 열기가 점점 시들해져 간다고 합니다.

또 시간이 갈수록 치매노인이 많아져서 동네에서 가출 신고가 빈번하게 되고요. 85세~90세가 되면 운전도 못하게 되고, 파티에도 나갈 수 없거니와 수영장에도 가기가 힘들어지니, 시니어타운의 좋은 시설들이 아무 의미가 없어진다고 합니다. 그렇다면 시니어타운 등에서 만들어지는 인위적인 친구도 결국에는 별로 도움이 되지 않는다는 결론이 나옵니다.

앵커: 그나마 경제적인 여유가 있는 사람들이 외롭지 않으려고 시니어타운으로 들어갔는데, 그곳에서도 외로움을 해결해 주지 못하

게 되겠군요.

황수남: 어느 정도는 편안하고 좋겠지만 해결책이 되지를 못할 것입니다. 우리보다 먼저 고령화 사회에 들어간 일본을 잘 연구해 봐야 하는데, 요즘 일본에 골칫거리가 생겼다고 합니다. 일본에는 여성 노인들이 슈퍼마켓에서 생선이나 고기를 버젓이 훔친다고 합니다. 그러면 평균 1년 5개월 구형을 받는데 그것을 알고도 감옥에 가기 위해서 일부러 훔칩니다. 감옥에 가면 사람들이 북적거려 외롭지 않고, 자신의 건강까지 교도소에서 다 살펴주고 운동까지 시켜 주거든요.

앵커: 교도소가 노인들의 피신처로 바뀌고 있어 정부가 골머리를 앓고 있다는 것은 안타까운 일이네요.

황수남: 안타까운 일이지요. 감옥에 가면 자유는 다소 없을지 모르지만, 외롭지 않고 걱정거리도 없다는 것이 감옥을 찾는 노인들의 생각입니다. 그래서 저는 외로움과 고독은 노인들이 겪어야 하는 최고의 형벌이라고 생각을 합니다. 가족과도 함께 하지 못하고 시니어타운도 외로움을 해결해 주지 못한다면, 지금의 방법은 틀린 것이 되죠. 그렇다면 제3의 길을 모색해야 합니다.

앵커: 제3의 길이라 하셨는데 제3의 길이 무엇인지 또 그 길이 외

로움을 없애 줄 수 있나요?

황수남: 물론 인간인 이상 절대의 외로움은 없애지 못합니다. 그렇지만 분명히 해결할 수 있는 방법이 있습니다. 우리들이 말하는 친구는 대개 이해가 걸리는 상대적인 친구를 말합니다. 이러한 친구는 이해가 깨지면 친구관계가 바로 깨지게 마련입니다. 그런데 우리들은 살기 바빠서 또는 몰라서 이해관계를 떠나 좋은 친구를 사귀는 연습을 하지 못하고 살아왔습니다. 이해관계를 초월하여 좋은 친구들을 어떻게 만드는지 말씀드려 보겠습니다.

제 스승님이 상담한 내용인데, 십수 년 전에 대구 수성구에 사시는 할머니 한 분이 상담을 오셨다고 합니다. 남편은 교장으로 정년퇴임 후 답답하다고 매일 친구 만나러 나가고, 자식은 다 출가해서 없고 그래서 외로움에 실어증과 우울증을 앓았다고 합니다. 제 스승님이 이런저런 상담을 하는 중에 외롭지 않으려면 하루에 한 가지 좋은 일을 꼭 하라고 했습니다. 그것은 별로 어려운 일이 아닌 것 같아 실천한다고 약속했는데, 말이 쉽지 좋은 일 하는 것이 익숙하지 않은 사람은 하루에 한 가지 좋은 일 하기가 쉽지 않습니다.

집에서 할 일도 없고 답답하니까 수성 못에 나가 벤치에 앉아 시간을 보내는 일이 하루 일과였는데, 갑자기 '하루에 한 가지 좋은 일 하라.'는 말이 생각이 나더랍니다. 그때는 수성 못이 정비되기 전이라 노숙자나 술 마시고 노는 사람들이 많아서 상당히 지저분해서 주변 청소를 했습니다. 청소를 하고 나니 기분이 좋아져서,

다음날부터는 아예 도시락을 싸고 장갑과 집게를 가지고 수성 못에 나가 청소를 시작했습니다.

며칠을 그렇게 하다 보니 노숙인이나 주변에 있는 사람들과 도시락을 같이 나눠 먹을 정도로 친해져서 "이 사람들아, 밥 얻어먹었으면 밥 값해라. 같이 청소하자."고 해서 같이 청소를 했다고 합니다. 청소를 같이하는 사람이 차츰 늘어나서 도시락을 여러 개 싸가지고 가서 나눠 먹고 같이 청소하고…

이분이 주변 청소하는 재미도 좋고 도시락 나눠 먹는 재미도 좋더랍니다. 그런데 사람들이 자꾸 늘어 열 명 이상이 되니 도시락 싸는 일이 힘들게 되었습니다. 그 무렵 인근 성당에서 밥 나눠주기 행사를 시작하려고 장소 선정회의를 했는데, 수성못 주변에 할머니 혼자서 밥 나눠주는 행사를 한다는 제보가 들어와, 할머니를 중심으로 밥 나누기 행사를 진행하였다고 합니다.

할머니 혼자서 하던 일이 단체에서 밥 나눠 주는 일로 성장하게 되었고, 수성못 정비 사업의 출발점이 되었습니다. 그러다 보니 이 할머니는 대구에서 유명인사가 되었다고 합니다.

앵커: 노년을 외롭지 않게 보낼 제3의 길이 열렸네요. 이렇게 되면 존경받는 사회 어른이 될 수밖에 없겠네요.

황수남: 그럼요. 일전에 이분을 초청해서 강연회를 열었습니다. 그때 나이가 80세 후반이셨는데, 자신이 살아오신 길을 말씀해 주시

는데 모두가 귀를 쫑긋하며 들었습니다. 강연 끝나고 나니 기립 박수를 치고 사인받으려고 줄을 섰습니다. 강연을 들으신 분들이 할머니 손을 잡고서 "할머니, 감기도 걸리지 마시고, 아프지도 마시고, 오래오래 사셔서 우리들에게 삶의 길을 알려 주세요. 할머니 같은 분이 계셔야 우리나라가 살아납니다."라고 하는 거예요.

앵커: 말씀만 들어도 기분이 좋아집니다.

황수남: 그렇죠. 제3의 길이란 결국은 베푸는 일입니다. 우리의 삶을 풍요롭게 하고 외롭지 않게 하려면, 베풀면 베풀어진다는 황금율의 법칙을 따라야 합니다. 이것은 철칙입니다. 노년을 멋지게 보내자면 존경받는 사회 어른이 되는 수밖에 없습니다. 그러면 고독, 일자리, 경제적인 문제가 일시에 해결됩니다.

앵커: 존경받는 사회 어른이 된다는 것은 모두의 바람이죠. 그러나 그게 그렇게 쉬운 것은 아니죠?

황수남: 분명 아니죠. 그렇지만 노령화 문제만큼은 우리가 피할 수 없는 문제이기 때문에 깊게 고민해 봐야 할 부분입니다. 임종을 앞둔 사람들에게 살면서 가장 아쉬운 것이 무엇인지 조사한 리포트를 보면, 동서양을 막론하고 부동의 1위가 '더 사랑하지 못한 것, 더 사랑할걸!' 하는 부분입니다. 사랑이라는 것은 베푸는 것이거든

요. 우리가 돈이나 물건은 베풀기가 어렵습니다. 그래서 지금까지 살아오면서 터득해온 삶의 지혜를 베풀면 됩니다.

삶의 지혜는 단순하거든요. 가짜의 삶이 복잡하지 진짜의 삶은 단순하고 명쾌합니다. 진짜의 삶은 사소한 일을 위대하게 처리하는 것이거든요. 주변 정리정돈 잘하고, 웃어주고, 칭찬하고, "그래, 고맙구나."하면 됩니다. 이것은 우리가 다 아는 것이라 다시 배울 필요도 없는 것들입니다.

나이 70, 80살이 되면 살면서 무엇을 안 겪어 봤겠습니까? 고비고비 힘든 일을 다 해결하셨거든요. 그 힘든 일을 해결한 방법을 잘 살펴보면, 싸우고 짓밟아서 이긴 것이 아니라, 웃어주고 감사하고 칭찬해서 이겨낸 것입니다. 결국 사랑이거든요. 이러한 시니어의 경험이 우리나라를 지탱하는 힘이죠. 그런데 우리들은 이것을 머리로는 아는데 잘 실천하지를 못합니다. 그래서 제가 꼭 하고 싶은 일이 있습니다.

앵커: 시간이 다 되어 갑니다. 문자가 굉장히 많이 오는데 하나만 읽어 드리겠습니다. 노년을 어떻게 살아야 할지 몰랐는데 길을 찾은 것 같습니다. '감사합니다.' 하면서 하트를 세 개나 보내 주셨네요.

황수남: 아, 그래요. 잘 들어 주시니 제가 감사하지요. 저를 포함해서 우리가 이렇게 살면 세상이 달라질 것입니다. 이 방송 들으시는

청취자님들! 지금 바로 좋은 일 하나씩 하시기를 바랍니다.

앵커: 나머지 이야기는 다음 방송에서 들어야 할 것 같습니다. 노년을 어떻게 살 것인가에 대해 황수남 마음연구가와 말씀 나누었습니다. 애청자 여러분! 감사합니다.

삶의 지혜는 단순하거든요. 가짜의 삶이 복잡하지 진짜의 삶은 단순하고 명쾌합니다. 진짜의 삶은 사소한 일을 위대하게 처리하는 것이거든요. 주변 정리정돈 잘하고, 웃어주고, 칭찬하고, "그래, 고맙구나."하면 됩니다. 이것은 우리가 다 아는 것이라 다시 배울 필요도 없는 것들입니다.

《노년의 삶 2》
어떻게 하면 존경받는 사회의 어른이 될까요?

자발적 기도, 수행공간을 만들어
누구든지 자유롭게 와서 배우고 수행해서,
나이만 어른이 되는 것이 아니라,
진정한 이땅의 어른이 되는
마지막 학교, 공부 공동체!

어떻게 하면 존경받는 사회의 어른이 될까요?

하남에 사는 70세 된 사람입니다. 지난주 BBS 라디오 방송 너무 잘 들었습니다. 특히 일본에서 외로운 노인들이 감방에 들어가려고 일부러 도둑질을 한다는 이야기는 남의 일이 아닌 듯해서 마음이 아팠고, 하루에 한 가지씩 좋은 일 해서 존경 받는 사회 어른이 되자는 이야기 역시 마음에 와 닿는 부분이었습니다. 그렇지만 실천을 하려 해도 잘되지 않습니다. 어떻게 하면 될까요?

앵커: 노년에 직면하는 많은 문제 중에서 외로움의 문제가 제일 크지 않을까요?

황수남: 노년의 문제를 보면 경제적인 것, 병에 관한 것, 외로움 등이 있는데 그중 외로움이 제일 크게 작용한다고 생각을 합니다. 특히 지금의 노인들이 더 외로움을 많이 느끼시는 이유는, 이분들은 대가족 시스템에 익숙하신 분들입니다. 그런데 지금은 대가족시대는 벌써 지났고, 그나마 핵가족 시스템이 자리 잡을만하니 1인가족 시대로 급변해 버렸거든요. 이것은 문화적인 충돌입니다.

지금 우리나라는 외국인과 사는 다문화 가정이 힘든 것보다 대가족 문화의 할아버지, 핵가족 문화의 부모, 1인가족 문화의 자식 세대가 공존하는 이질적인 다문화 가정에 살고 있는데, 이것이 노인들에게는 더 힘들게 느껴질 것입니다. 대가족 문화 세대의 노인들이 더 외로움을 느끼는데, 이는 혼자 있는 연습을 하지 못했기 때문입니다.

　그분들은 여러 가족이 북적거리고 함께 기뻐하고 걱정하며, 자신보다는 가족을 위하는 문화 속에서 자라 왔기 때문에 혼자 있어도 외롭지 않는 연습을 한 적이 없습니다. 요즘 젊은 세대들은 혼자서 밥 먹고 놀고 만들고 잘하거든요. 그런데 지금 60대 이상분들은 아날로그 세대로 함께 모여서 먹고 놀고 일하는 것에 익숙하다 보니 더 외로움을 느낍니다.

앵커: 작가님 말씀을 듣고 보니 대가족에 익숙한 우리를 포함한 선배 세대들은, 혼자서 무엇을 해본 적이 거의 없어서 더 외로움을 느낀다는 것에 동의합니다.

황수남: 이제는 혼자 있는 연습을 해야 합니다. 코로나 이후시대의 변화 중 가장 큰 것이 디지털 시대로 강제진입이거든요.

앵커: 그렇지요. 이제는 어쩔 수 없이 진입해야 합니다.

황수남: 이제까지는 자신이 필요로 해서 디지털 문화를 배우고 사용하는 선별적인 진입이었는데 이제는 그렇지 않습니다. 휴대폰 하나로 모든 것이 해결되는 디지털 시대, 오죽하면 이 시대 사람들을 '포노 사피엔스'라고 할까요!

앵커: 휴대폰의 폰에서 의미를 차용해서 지금의 인류를 '포노 사피엔스'라고 한다는 것이군요.

황수남: 예, 그렇습니다. 코로나가 누구에게나 걸리듯이 우리가 원하던 원하지 않던 선택의 여지가 없이 '포노 사피엔스'가 되어버립니다. 명실상부한 디지털시대로 인류가 밀려들어 갑니다.

디지털시대의 특징은 비대면이 강화된다는 것입니다. 더 심각한 것은 지금 4차 혁명이 완성되어 가고 있죠. 4차 혁명을 한마디로 말하면 일자리 없애는 혁명입니다. 일자리가 없어진다. 수명이 길어진다. 비대면이 강화된다. 그렇다면 혼자 있는 시간이 대폭 늘어나는데, 우리들은 혼자 있는 연습이 전무합니다. 정말 무서운 이야기입니다.

앵커: 코로나 시기 임에도 불구하고 저는 아직 혼밥이 익숙하지 않습니다. 작가님 말을 듣고 보니, 우리가 혼자 있어도 행복해지는 준비를 하지 못한다면 참 힘든 세상이 될 것 같습니다. 그럼 어떤 준비를 해야 하나요?

황수남: 디지털 시대의 특징은 급변한다는 것입니다. 모든 것이 놀랄 만큼의 속도로 변합니다. 과거 100년에 걸쳐 이룩한 것을 불과 몇 년 안에 이룩해 냅니다. 다시 정리하면 급속도로 변하는 것은 도저히 따라갈 수가 없고 또 우리가 이끌어 갈 수는 더욱 없습니

다. 변하는 현상세계는 상대의 세계이기 때문에 따라잡았다 싶으면 또 변합니다. 그러니 세상살이가 더 힘들게 됩니다.

우리가 선택을 잘못하면 변화의 소용돌이에 휘말려 변방으로 밀려나고, 평생 돈만 갖다 바치는 소비자의 신세로 남게 되어 미래가 더 암울해집니다. 그럼 어찌 살아야 하느냐 하면 그 해결법은 불교 안에 다 있습니다. 불교에서는 유위有爲의 세계가 아니라 무위無爲의 세계라고 하는데, 쉽게 말하면 변하지 않는 불변의 진리, 절대의 세계, 실상세계를 추구하며 살아야 한다고 가르칩니다. 불변의 진리는 인간이 부처라는 것이고, 부처의 속성은 자타일체로 오로지 완전원만하며 오로지 좋은 것뿐이고, 쓰면 쓸수록 무한대로 늘어나는 것이니, 남에게 베풀고 기뻐하고 감사하며 살면 됩니다. 이는 제가 지난 시간에 말한 제3의 길인 베푸는 삶을 살아야 한다는 것입니다.

앵커: 자타일체다. 그러니 베풀어라. 그러면 친구도 생기고 여러 가지 상황이 좋아진다는 것은 누구나 아는 것인데 실천하기가 정말 어렵지 않나요?

황수남: 매우 어렵습니다. 사람들은 이 세상을 유한한 물질로 이루어져 있다고 생각하기 때문입니다. 그런데 사실은 물질을 쓸수록 늘어나는 무한의 세계에 살고 있다고 부처님이 말씀하셨습니다. 이를 빨리 깨닫고 무한 공급의 세계를 우리의 생활에 나타나게 해

서 풍요롭게 살아야 합니다. 그래서 이 세상은 베풀면 베풀어지고, 쓰면 쓸수록 늘어나게 되어있고, 필요한 것이 반드시 나타나게 되어있다는 것을 확실하게 알아야 합니다.

어떻게 베풀면 베풀어지는지를 예를 들어보면, 울산에 있는 태화강은 10여 년 전만해도 개발로 인해 죽음의 강으로 방치되어 있었습니다. 그런데 강 주변에 사시는 한 분이 매일 강가에 나가서 쓰레기를 치웠습니다. 가족은 물론이거니와 친구들도 "너 혼자 강을 치운다고 강이 깨끗해지겠냐? 공장이 없어지지 않는 한 절대로 깨끗해지지 않는다." 하며 반대하고 비아냥거리기까지 했습니다. 그런데도 이분은 배 위에 자신이 개발한 포크레인까지 싣고 다니며 강의 쓰레기를 매일 치웠습니다.

이분이 비가 오나 눈이 오나 약 1년을 이렇게 치우니 친구들도 동참하기 시작하고 돈도 기부해 주었습니다. 그래도 강은 깨끗해질 기미가 보이지 않았지만, 이분은 계속해서 강 주변 청소를 했습니다. 그러다 보니 어떤 사람이 강을 계속 청소하고 있다고 소문이 나기 시작했습니다. 그 영향으로 2004년 울산시에서 대대적인 태화강 정비 사업을 시작해서 2011년 83만 5000 평방미터의 태화강 대공원이 탄생하였고, 2018년 지방정원 2호로 지정이 되고, 대한민국 생태관광지 20선에 들었거든요.

보십시오. 이분이 능력을 사용하니 능력이 더 크게 늘어나고, 필요하니 자본과 사람이 나타난 것입니다. 이러한 것처럼 쓰면 쓸수록 늘어나고 필요한 것은 반드시 나타나게 되어 있습니다. 이분은 울산 환경사업의 대부가 되었고요. TV에서 다큐멘터리로 방영까지 되어 존경받는 사회 어른이 되었습니다. 이것이 제3의 길입니다.

앵커: 이제 길이 조금 보이는 것 같습니다. 변하는 것을 추구하는 것이 아니라 불변하는 가치를 추구하라는 말씀이신 것 같은데, 좀 더 구체적인 방법을 말씀해 주세요.

황수남: 지금 앵커님이 말씀하신 구체적인 실천방법이 종교의 역할 특히 불교의 역할이고, 지금 우리가 방송하는 마음 치유 상담소가 존재하는 이유입니다. 그래서 우리가 하는 이 방송을 잘해야 합니다. 이제 생활이 좋아지지 않는 종교는 의미가 없고 그 종교는 가짜입니다. 예전에는 일반인들은 글을 몰랐거든요. 그런데 종교인들은 글부터 먼저 배우고 그로 인해 고급정보를 가지게 되어서 남들에게 존경을 받을 수가 있었습니다. 이제는 교육이 발달하고 보편화 되어 모두가 글을 알게 되어, 일반인의 지식이 종교인보다 높다 보니 종교가 약해집니다. 그리고 예전에는 병에 걸리면 '신이 벌을 내렸으니 종교가 해결한다.'고 할 수 있었는데, 이제는 과학이 발달해서 병균 때문인 것을 알게 되거든요. 또 종교가 약해집니다. 이제 마지막 남은 종교의 역할은 도덕성 회복과 어떻게 사는 것이 바른길인지를 알려주는 역할밖에 없습니다. 지금의 종교는 이 부분을 처절하게 고민하고 해결책을 제시하여, 즉각 삶이 부유해지고 행복하게 만들어야 하거든요. 그래서 제가 꼭 하고 싶은 것

이 있습니다.

앵커: 그게 무엇인가요?

황수남: 시니어, 그러니까 어른들의 삶의 방향성에 대한 것입니다. 우리나라 정부나 보건복지부 같은 곳의 노인 정책을 보면 말벗 되어주기, 음식 갖다 드리기, 소일거리 만들기 등 아주 작은 부분만 터치하지 큰 틀에서는 방향성이 없습니다. 어른들이 후배들을 위해 경험을 모으는 일이나 또 다른 삶을 살 수 있는 준비는 하나도 없습니다. 그래서 저는 정년퇴임을 하신 분이나 할 일 다 끝낸 어른을 위한 수행공간을 만들고 싶습니다.

　종교나 학식 등 모든 것을 떠나서 자신의 삶을 돌아보고 재정립하는 공간, 이웃과 나라의 안녕을 위해 오로지 기도하는 공간, 또 자신이 무엇인지, 왜 태어났는지, 무엇을 해야 하는지를 탐구하는 '수행공동체', 그곳에서 정립된 마음으로 삶의 현장으로 다시 나가 사회와 소통하고 또 후배들에게 삶의 방향을 알려줄 수 있는 사회 어른으로 다시 태어나게 하는 '공부 공동체'를 꼭 만들고 싶습니다.

　울음방도 하나 만들어 펑펑 울게 만들고, 웃음방도 만들어 '와하하하' 하며 실컷 웃게도 하고, 살아온 날과 살아갈 날에 대해 감사 수행도 하고, 청소 수행도 하는 수행공동체, 틱낫한 스님의 플럼빌리지, 라즈니쉬나 마하리쉬 아쉬람 같은 자발적 기도, 수행공간을 만들어, 누구든지 자유롭게 와서 배우고 수행해서, 나이만 어른이 되는 것이 아니라 진정한 이 땅의 어른이 되는 마지막 학교를 만들고 싶습니다. 그곳에서 자신과 세상을 이롭게 할 가치관과 세계관을 재정립해서, 그것을 바탕으로 자신과 이웃을 풍요롭게 해서 존경받는 어른이 되는 진리공동체, 이것 정말 필요하지 않을까요?

앵커: 자기만 생각하던 작은 나를 확장시켜 이웃과 사회를 사랑하는 더 큰 나로 다시 태어나는 진리공동체! 이것 정말 좋은데요.

황수남: 살면서 꼭 한번은 자신이 무엇인지를 정립해야 우리가 또는 우리나라가 어디로 가는지에 대한 방향이 나옵니다. 저는 이 생각만 해도 기분이 좋아서 웃음이 나옵니다. 어른의 생각이 바르게 되어야 전체가 바르게 됩니다. 세상은 어른이 걸어가는 등을 보고 후배가 성장하게 되어 있습니다. 그런데 우리들은 어른을 뒷방 노인네 취급 또 스스로도 그러한 생각, 꼰대라는 생각에서 벗어나지 못합니다.

　이제는 우리가 살아온 길을 진리로 가다듬어야 합니다. 진리에 대한 성찰로 삶의 마디를 끊어야 합니다. 그래야 더 큰 사회를 사랑하는 사람이 되고, 작은 나를 벗어나 더 큰 세상을 사랑할 수 있는 나로 다시 태어나는 새로운 길이 열립니다.

앵커: 이제야 작가님이 말씀하시는 새로운 길이 무엇인지 알겠습

니다.

황수남: 우리는 이렇게 살아야 합니다. 어렵게 또는 거창하게 생각하지 말고 그냥 우리가 아는 것을 정리하면 됩니다. 한 달이건 두 달이든 자기 먹을 양식만 가지고 와서, 자신을 정리하고 어떻게 살 것인가를 고민하고 새로운 방향을 같이 모색해서 공통분모를 찾은 후, 바로 실천할 수 있는 것부터 시작하면 됩니다. 이미 아는 것이기 때문에 어렵지 않습니다. 어른이 어른답게 존경받으며 살 수 있는 일을 꼭 해보고 싶습니다.

앵커: 자신의 삶을 되돌아보고 다시 삶을 재정립하는 수행공동체 같은 것이 우리나라에도 생기면 좋을 것 같습니다. 0108님을 '저부터 참여해서 사회를 위해 헌신할 수 있는 삶을 살고 싶다.'고 올려주셨고, 많은 분들이 공감의 글을 오려주시네요. 우리나라에도 그러한 공동체가 생기면 참 좋을 것 같습니다. 끝으로 한 말씀 해주시지요.

황수남: 지난 8월 15일이 일제의 압제에서 해방된 광복절이었습니다. 이제는 내 삶을 외부에 의존할 것이 아니라 스스로 떨쳐 일어나 어디에도 구속받지 않는 내 삶의 독립, 내 삶의 광복절로 만들어야 합니다. 우리가 행복하려고 결혼하고 아이 낳는데, 살다보면 많은 저항을 만납니다. 그때마다 좌절하고 힘들어하면 평생 행복

해지지 못합니다. 조금만 다른 길을 찾으면 됩니다. 배를 타고 놀러 나가다가 풍랑을 만나 물에 빠지면 물에 빠진 김에 조개를 캐면 됩니다. 해녀는 물속에 있지만 물에 빠진 것이 아니라 그 속에서 자유롭거든요.

나이 들었다고 한탄할 것이 아니라 나이든 김에, 나이 들어서만 할 수 있는 것이 있습니다. 나이 들어 구속받는 것이 아니라 오히려 나이든 것이 우리를 더 찬란하게 꽃 피울 수 있습니다. 그것은 바로 더 큰 세상을 사랑하고 널리 세상을 이롭게 하는 것입니다. 이는 젊은 사람들은 하기가 어렵습니다. 이제 나이든 우리가 합시다. 우리가 경험을 나누고 사랑을 나눕시다. 우리 후배들에게 "애쓴다. 잘하고 있다. 고맙다. 너희가 최고다."라고 말해 주고 웃어줍시다.

그러면 존경받는 사회 어른이 될 것이고 그들은 어른들의 말 한마디에 힘을 얻어 창공을 향해 더 높이 비상할 것입니다. 이제 우리들은 살 만큼 살았습니다. 좋은 일만 생각하고 좋은 일만 말하기에도 시간이 너무 짧습니다. 우리의 눈과 입은 좋은 것만 보고 좋은 것만 말합시다.

그러면 이웃 사람들과 세상이 살아납니다. 이것이 우리가 존재하는 이유이고 불국토 건설입니다. 이웃을 행복하게 해서 존경받는 어른이 되어 지구별 떠날 때 "나 참 잘 살았다." 하며 웃으며 떠날 수 있는 여러분이 되기를 간절히 바랍니다. 여러분 사랑하고 존경합니다.

앵커: 지금까지 황수남 마음연구가님과 존경받는 사회 어른 되기에 대해 말씀 나누었습니다. 애청자 여러분! 고맙습니다.

불변의 진리는 인간이 부처라는 것이고, 부처의 속성은 자타일체로 오로지 완전원만하며 오로지 좋은 것뿐이고, 쓰면 쓸수록 무한대로 늘어나는 것이니, 남에게 베풀고 기뻐하고 감사하며 살면 됩니다.

나이 들었다고 한탄할 것이 아니라 나이든 김에, 나이 들어서만 할 수 있는 것이 있습니다. 나이 들어 구속받는 것이 아니라 오히려 나이든 것이 우리를 더 찬란하게 꽃 피울 수 있습니다. 그것은 바로 더 큰 세상을 사랑하고 널리 세상을 이롭게 하는 것입니다.

《추석이 주는 교훈》
조상님 잘 모시면 복을 받나요?

살아계신 부모님께 감사하고
지금 그들을 웃게 해야 합니다.

조상님 잘 모시면 복을 받나요?

> 55세 된 주부입니다. 올 추석에는 코로나 때문에 시댁과 친정에 못가게 되었습니다. 추석마다 시댁갈 때는 가기 싫었었는데, 막상 안 간다고 하니 마음이 편하지 않고 조상님께 죄를 짓는 것 같기도 합니다. 조상님 잘 모셔야 한다고 하는데 차례를 지내지 않아도 되는지요?

앵커: 내일이 추석인데 코로나 때문에 유쾌하지 못한 추석을 맞이하게 되었습니다. 올 추석에는 귀성객이 많이 줄 것 같지 않나요?

황수남: 추석과 설은 우리민족을 우리 민족답게 하는 고유의 풍습이죠. 외국에 이민을 갔던지 군대 있던지 명절차례는 빠트리지 않고 지냅니다. 우리 민족 대부분이 설과 추석을 제대로 지내지 않으면 큰일이라고 생각을 합니다. 그런데 이번 추석은 특별한 상황이 되어 버렸습니다. 아마도 감염병 때문에 귀성을 만류하는 것이 이번이 처음인데 귀성객이 30% 이상 줄 것이라고 합니다.

고향을 못가니 부모님, 친척, 친구도 만나지 못하고, 차례도, 성묘도 못하는 등 뭔가 빠진 것 같지만, 많은 분들이 이번에는 고향에 안 갔으면 하는 바람입니다. 그래야 코로나가 빨리 종식이 되고 일상으로도 빨리 되돌아갈 수 있습니다. 동네 현수막을 보니 '올해 안 오면 오래 본다.'라는 글귀도 있더라고요. 우리가 오래 자주 볼 수 있으려면, 이번 추석만큼은 고향 방문을 자제했으면 합니다.

앵커: 설이나 추석 때 고향을 찾고 산소를 돌보는 것이 우리 민족만 그런 것은 아니죠?

황수남: 예, 그렇습니다. 미국에는 추수감사절이 있고 중국의 중추절, 베트남의 쭝투, 핀리핀의 만성절, 일본의 오봉 등 각 나라마다 풍년에 감사하고 조상의 혼을 기리고 건강과 행복을 기원하는 날이 있습니다. 우리 민족은 추석에 고향을 찾고 산소에 조상님을 찾아뵙는 것은 외국보다 좀 더 철저한 것 같습니다.

우리 민족은 농사를 짓던 농경민으로 한곳에 오래 정착해서 살았기 때문에, 고향에 대한 애착이 강하고 자신의 뿌리에 대해 애착이 강한 편입니다. 또 조상님의 조상님으로 거슬러 올라가면 최종에는 하늘에 닿는다는 것을 은연중에 알고 있기 때문일 것입니다. 다시 말하면 사람이 하늘人乃天이라는 우리 민족의 근본이념이 우리들 유전인자 속에 뿌리 깊게 박혀있기 때문입니다.

다른 나라의 신화를 보면 세계 창조나 내세에 대한 이야기들이 많은 반면, 우리나라의 단군신화는 건국이념이 홍익인간 이화세계라고, 뚜렷하고 인간 세상의 삶에 초점이 맞추어져 있습니다. 그리고 외국의 신들은 싸우고 투쟁하는 등 대립이 많은데, 우리의 신화는 신들 사이에도 갈등과 대립이 없죠. 더 나아가 신인 환인과 인간인 환웅의 사이에도 절대로 갈등이 없습니다. 신과 인간의 관계가 철저한 조화와 평등입니다. 그리고 호랑이와 곰이 굴속에 있었는데도 그들 사이에도 투쟁 같은 것은 하나도 없습니다.

더 중요한 것은 환웅이 웅녀와 결혼하여 단군을 낳는 과정을 보면, 천상과 지상의 합일, 천天과 인人의 합일의 존재가 인간이거든요. 하늘과 땅이 하나로 되어 인간이 되었다는 신화인데, 이는 하늘과 땅과 사람, 천지인天地人이 하나라는 것입니다. 그래서 우리 민족은 조상 줄이 하늘에 닿는다는 것을 본능적으로 알고 있기 때문에, 어떤 어려움이 있어도 조상을 하늘같이 모십니다. 조상이 곧 하늘입니다.

앵커: 그럼 조상을 잘 모시면 좋은 일이 생기겠군요.

황수남: 당연한 일입니다. 조상에서 조상으로 올라가면 하늘에 닿으니 하늘의 무한 복락, 무한한 좋은 일이 생기는 것은 당연한 일입니다. 현상세계를 살아가는 우리들의 삶은 전생의 업이 절반을 결정하고, 나머지의 반 그러니까 4분의 1이 조상의 공덕입니다. 우리의 삶을 좋은 쪽으로 이끌어 가는 데는 조상을 모시는 것이 엄청나게 큰 부분을 차지합니다. 그래서 살면서 일어나는 힘든 일을 해결하려면 조상님을 잘 모셔서 내편으로 만드는 것이 제일 빠릅니다.

앵커: 조상을 잘 모시자면 추석 때 고향 가서 산소를 찾아뵈어야 하지 않을까요?

황수남: 물론 찾아뵙는 것도 좋은 일이지만 어떤 것이 조상을 잘

모시는 일인지 제대로 알아야 합니다. 3계유심소현三界唯心所現이라 합니다. 이는 물질계인 육계, 생각계인 유계, 영혼계인 영계가 마음에 따라 만들어 진다는 것인데, 조상님의 영혼은 물질이 아니라 생각의 집적태인 영이거든요. 영혼계는 물질이 아니기 때문에 시간과 공간의 제약을 받지 않고 자유로우며 또 물질과는 파동이 다르기 때문에, 물질 공양보다는 정성과 법공양에 영향을 가장 빠르게 받습니다.

차례상을 거하게 차리고 산소를 찾아뵙는 것도 중요하지만 그것보다는 '조상님 공덕으로 우리가 잘살고 있습니다.' 하며 조상님께 진심으로 감사하는 마음을 내는 것이 중요하고, 이것보다 더 큰 공양은 '조상님은 아직 저급한 영이니 내가 천도제를 지내고 제사를 잘 모셔서 더 고급한 영으로 만들던지 더 좋은 곳으로 보내야지.'가 아니라 '조상님은 이미 부처입니다.'하고 인정하는 것이 조상님을 제일 잘 모시는 것입니다.

앵커: 조상님께 음식을 정성스레 바치고 산소를 찾아뵙는 것도 좋지만, 그것보다는 '조상님은 부처다.' '조상님! 감사합니다.'하는 법공양이 제일 좋다고 하셨는데, 많은 분들은 이러한 생각이 조상님께 전달되는지 아닌지 궁금해하지 않을까요?

황수남: 많은 분들이 그렇게 생각하실 겁니다. 그래서 물질계에 생각이 매여 있는 초보 때는, 제사 모실 때 좋은 것을 많이 차려야 한

다고 생각합니다. 그런데 잘 생각해 보면 '좋은 것, 많이'라는 것 역시 생각, 정성이 나타난 것으로 결국은 생각입니다. 정리하면 제사라는 것은 물질을 매개로 해서 정성을 모으는 것입니다. 그런데 정성 중에서 최고가 '감사'니까 감사하면 됩니다.

자, 그러면 감사한 생각이 과연 조상님께 전달되느냐 하는 문제가 남는데, 이는 현대 물리학에서 이미 증명이 끝난 문제입니다. 이 세상은 하나의 파동, 하나의 에너지장으로 만들어져 있는데, 단지 그 파동이 빨리 움직이면 물질이 되고 천천히 움직이면 생각, 마음으로 된다고 합니다. 보이기는 각각 다르게 보이지만 실제로는 같은 것입니다.

그래서 '조상님! 감사합니다. 조상님은 이미 부처입니다.'라고 생각하는 순간 이미 조상님께 전달된다고 하는데, 정확히 말하면 전달되는 것이 아니라 동시에 같이 움직이는 것이죠. 그렇게 보면 내 안에 조상이 같이 있고 더 나아가 내가 조상입니다. 내가 조상께 감사하는 것은 조상과 내가 함께 움직이니 나에게 감사하는 것이고, 세상의 또 다른 나, 타인에게 감사하는 것입니다.

그래서 내가 '감사합니다.' 했을 때 그때 내가 느끼는 세상은 감사만이 존재하거든요. 그래서 조상을 비롯하여 세상 모든 것들에 감사만 존재하게 됩니다. 조상께 감사하면 감사가 조상님께 100% 전달이 되고 그 세계는 영의 세계로 시공을 초월한 무시간 무공간의 세계이기 때문에 감사한 일, 좋은 일이 즉각 생깁니다. 이를 부처님께서 유정무정동시성도有情無情同時成道, 산천초목국토실개성불

山川草木國土悉皆成佛이라 하셨죠. 이는 세상 모든 것이 부처고 불국토라는 것입니다.

앵커: 그렇다면 고향을 가고 산소를 찾아뵙는 것도 좋지만 이번 같은 경우 굳이 가지 않아도 된다는 말씀이시군요.

황수남: 그럼요. 평상시는 가서 뵙는 것이 좋지만 이번 같은 경우는 가지 않고 지금있는 자리서 조상님께 감사하고 가족과 이웃들에게 행복하게 잘 지내면 됩니다. 조상님들도 차례 지낸다고 모여서 코로나 걸리는 것보다, 자손들이 건강하고 행복하게 사는 것을 누구보다 더 원할거잖아요. 그러니 가지 말고 틈날 때마다 '조상님! 감사합니다.'하시면 됩니다.

　산소 가고 안가고를 좀 더 정확히 살펴볼까요. 산소는 조상님 유골을 모신 자리지만, 산소에 조상님 유골만 있지 영혼은 없잖아요. 영혼은 절대로 물질안에 머물지 않습니다. 영혼은 오고 감이 없이 도처에 편재해 있고 늘 자신과 함께 존재하기 때문에, 어디 가고 무엇을 하는 것보다 지금 있는 자리서 수시로 조상님께 감사하고 '조상님은 이미 부처다.'하고 법공양을 드리는 것이 제일 중요합니다. 그리고 수많은 조상님을 대표하는 대표 조상이 있습니다. 대표 조상께 감사하는 것이 제일 효율적입니다.

앵커: 대표 조상이 누군가요? 빨리 알려 주시죠.

황수남: 우리는 모든 조상님의 공덕을 한 몸에 받고 태어난 조상님들의 집합체, 총아입니다. 그러니 모든 조상들의 집합체인 나를 낳았으니 부모가 조상의 대표죠. 부모는 살아있는 조상이 되는 것입니다. 그래서 무조건 부모님께 '예, 알겠습니다. 예, 감사합니다.' 해야 합니다. 살아계시던 돌아가셨던 '아버지, 감사합니다. 어머니, 감사합니다.'를 숨 쉬듯이 해야 합니다. 그러면 조상님의 공덕으로 반드시 감사할 일, 좋은 일이 파도처럼 밀려올 것입니다.

우리들은 부모님 돌아가시고 나서 천도제를 지내는데, 그러지 말고 살아계신 부모님께 감사하고 지금 그들을 웃게 하셔야 합니다. 이것이 바로 생전 천도제입니다. 지금 부모님께 감사해야 합니다. 조상님 산소 찾아뵙고 차례상 잘 차리는 것도 중요하지만, 모든 조상의 대표인 부모님께 무조건, 무시로 감사하는 것이 조상을 제일 잘 모시는 것입니다. 부모 없이 태어난 사람 아무도 없거든요. 각각 자신의 부모님께 지극 정성으로 감사하면 우리나라 전체가 감사로 바뀌고, 이것을 바탕으로 우리의 모든 것이 좋게 바뀔 것입니다. 살아 있는 조상인 부모님께 무조건 감사합시다.

앵커: 부모님께 감사하는 것이 조상님 제일 잘 모시는 것이라는 말씀, 가슴에 와 닿습니다. 끝으로 청취자님께 한 말씀 해주시죠.

황수남: 코로나가 일상만 바꾸어 놓는 것이 아니라 최고의 명절인 추석 풍경마저도 바꾸어 놓았습니다. 또 앞으로 더 많은 것들이 바

꿰어 혼란스럽고 어쩌면 더 힘들게 될지도 모릅니다. 그러나 이 또한 지나갈 것이고 반드시 좋은 일이 나타날 것입니다. 코로나 이전과 이후의 다른 점을 한마디로 하면 자급자족에서 자급타족으로의 변화가 될 것입니다.

그전에는 내가 벌어 내가 만족하면 되었는데, 이제는 내가 벌어 남을 만족시켜야 하는 시대가 되었습니다. 나 하나 안 쓰니 유통 순환이 안 되어 나라가 불경기로 어찌할 바를 모릅니다. 이 세상은 쓰면 쓸수록 늘어나게 되어 있습니다. 더 많은 사람들에게 축복하는 마음을 쓰시고 더 많은 이웃들에게 물질을 나눠야 합니다. 그것만이 우리가 더 풍요로워지고 살아날 길입니다. 매일을 추석처럼 축복의 인사를 나누고 선물을 나누는 우리가 되어, 힘든 세상을 조화롭게 살리는 불자가 되었으면 합니다. 여러분 행복한 추석되시길 바랍니다.

감사합니다.

산소 가고 안가고를 좀 더 정확히 살펴볼까요. 산소는 조상님 유골을 모신 자리지만, 산소에 조상님 유골만 있지 영혼은 없잖아요. 영혼은 절대로 물질안에 머물지 않습니다. 영혼은 오고감이 없이 도처에 편재해 있고 늘 자신과 함께 존재하기 때문에 어디가고 무엇을 하는것보다 지금 있는 자리서 수시로 조상님께 감사하고 '조상님은 이미 부처다.' 하고 법공양을 드리는 것이 제일 중요합니다.

우리는 모든 조상님의 공덕을 한 몸에 받고 태어난 조상님들의 집합체, 총아입니다. 그러니 모든 조상들의 집합체인 나를 낳았으니 부모가 조상의 대표죠. 부모는 살아있는 조상이 되는 것입니다. 그래서 무조건 부모님께 '예, 알겠습니다. 예, 감사합니다.' 해야 합니다. 살아계시던 돌아가셨던 '아버지, 감사합니다. 어머니, 감사합니다.'를 숨 쉬듯이 해야 합니다. 그러면 조상님의 공덕으로 반드시 감사할 일, 좋은 일이 파도처럼 밀려올 것입니다.

Part 5

새로운 출발과 매듭

새해 첫날 아침에 _ **꿈은 이루어지나요?**

코로나19가 주는 교훈 _ **코로나19 때문에 혼란스러워요.**

한 해를 보내며 _ **어떤 마음으로 한해를 보내야 하나요?**

《새해 첫날 아침에》
꿈은 이루어지나요?

영감이 없는 노력,
다시말해 방향성 없는 노력은 헛된 일입니다.
영감은 자신의 꿈이 이미 이루어진 것을
생생하게 그릴 수 있는
상상력과 방향성이기 때문입니다.

 꿈은 이루어지나요?

앵커: 마음치유 상담소의 황수남 작가님 나와 계십니다. 작가님 안녕하세요?

황수남: 예, 새해 복 많이 받으십시오.

앵커: 예, 감사합니다. 그런데 어느 청취자님이 "복을 많이 지으십시오."라고 표현하네요. 복을 많이 나눠주는 것이 복을 받는 원리인가요?

황수남: 네, 복을 많이 지을 수 있다는 것은 마음 밭이 훌륭하다는 것을 말합니다. 그러니 남에게 복을 많이 나누어줄 수 있고 또 복을 많이 받습니다.

> 매년 하는 일이지만 올해도 어김없이 제가 바라는 목표, 꿈을 세웠습니다. 그런데 매년 이루어지는 것이 많지 않다 보니, 이제는 꿈을 갖는다는 것이 무의미하다는 생각까지 듭니다. 그래도 그냥 넘어가기가 허전해서 몇 가지 목표를 세웠는데 올해는 꼭 이루고 싶습니다. 어떻게 하면 꿈을 이룰 수 있나요? 그리고 하나 더, 어떤 마음으로 새해를 맞이하면 좋을까요?

앵커: 새해가 되면 누구나 가지는 마음이라 생각합니다. 작가님은

올해 목표가 무엇인가요?

황수남: 이 방송을 들으시는 애청자님들이 행복해지는 것이고, 이 방송이 여러분들에게 꿈과 희망을 드렸으면 합니다.

앵커: 새해 덕담 한마디 해 주시죠.

황수남: 네, 감사합니다. 청취자 여러분! 희망찬 새해가 밝았습니다. 애청자 여러분은 최고 중의 최고이시고 모든 것 중의 모든 것인 무한 능력자입니다. 올 한해 병, 가난 등 모든 불행에서 벗어나 무한의 건강과 무한의 부와 행복을 누리시는 여러분과 여러분의 가정, 일터가 되시기를 진심으로 기원합니다.

앵커: 애청자 여러분은 최고 중의 최고이시고 모든 것 중의 모든 것인 무한 능력자다! 역시 마음연구가 다우십니다. 이 말씀을 들으시는 청취자님들께서 뿌듯하시겠습니다.

황수남: 우리들은 겉모습이 어떠하더라도 이미 무한대의 능력을 가지고 있습니다. '나는 무한 능력자다.'라고 틈날 때마다 말하면 말에는 구상화, 구체화, 물질화시키는 힘이 있기 때문에, 말대로 무한 능력이 나타나서 올 한해 최고의 삶을 살게 될 것입니다.

앵커: 작가님이 한결같이 일깨워 주시는 것이 '인간은 무한 능력자다.'라는 부분인데 듣기만 해도 기분이 좋아집니다. 새해 덕담을 해 주신 김에 질문자의 내용중 새해를 어떻게 맞이할 것인가부터 먼저 말씀해 주시겠습니까?

황수남: 새해를 어떻게 맞이할 것인가는 저보다 더 잘 아실 것 같으니까 글을 하나 읽어 드리도록 하겠습니다.

새해 첫날 아침에!

나, 새로운 하늘과 땅을 맞이한다.
오늘이 그날이다!
축복할진저, 이 새로운 날!
이 시각 이후 일체의 피로움, 슬픔, 외로움, 실망, 낙담을 모르는
새로운 세계에 나는 새로 태어났다!

내 삶에서 어두움은 저쪽으로 사라져 버리고
새로운 밝은 빛, 오색찬란한 무지개가 되어 나를 비춘다!
나는 모든 과거를 벗어나서 새로운 세계의 희망을 누린다.

넘쳐흐르는 나의 위대함이여!
그대의 훌륭함이여!

우리 모두는 일체의 어둠을 모르는 위대한 생명이다!

일체의 불행은
구름이 하늘을 더럽히는 일이 없듯이
나를 힘들게 하지 못한다.

맑디맑은 본래 하늘처럼 나에게 불행은 아예 없다!
지난해에 있었던 일은 이미 없다.
끝나 버렸으니 새로운 것이 온다!

나는 오늘
새로운 자유와 번영의 세계에 도약한다.
항상 새롭고 좋은 것뿐이다.
불행은 실재가 아니라 생각 속에서만 존재하는 허깨비일 뿐이다.

한번 지나간 것은 두 번 다시 오지 못한다!
두려워 마라! 걱정하지 마라!
그대의 새로운 세계는 영원히 더럽혀지지 않고
피로움 없고 신성한 새로운 세계일 뿐이다!
바로 오늘처럼!
새로운 해,
첫날을 맞이한 그대와 나를 축복한다!

앵커: 덕담 대신 글을 읽어 주셨는데, 웬지 모르게 경건해지는 것 같아서 자세를 바르게 하고 들었습니다. 좋은 덕담 해 주셔서 감사합니다. 불행, 괴로움 없고 항상 행복과 번영을 맞이한다는 것보다 더 이상의 덕담은 없을 것 같습니다. 그러면 질문으로 돌아가서 누구나 할 것 없이 꿈과 목표를 세우고 그것을 이루기 위해 노력을 하는데, 누구는 쉽게 이루고 누구는 이루지 못하는 경우가 많습니다. 왜 그럴까요?

황수남: 세상이 만들어지는 원리, 다시 말해 꿈이 이루어지는 원리를 몰라서 그렇습니다. 정확히 말하면 마음과 생각의 세계가 우리가 살아가는 현상세계에 어떻게 나타나는지를 모르기 때문입니다. 우리들은 노력을 하면 꿈이 이루어진다고 믿고 있는데, 이는 일부분이지 절대로 그런 것은 아닙니다. 꿈과 목표를 크게 이룬 사람을 생각하면 바로 떠오르는 분이 에디슨입니다.

앵커: 그 유명한 에디슨!

황수남: 그렇지요, 에디슨이 사람들 입에 최고로 많이 회자됩니다. 에디슨의 명언 중에 '천재란 99%의 노력에 1%의 영감이다.'라는 말이 있는데, 많은 사람들은 천재라도 노력을 해야 한다고 믿는 경우가 많습니다. 그런데 에디슨의 이 말은 노력을 강조하기 위한 말이 아니라 영감을 강조한 말입니다. 에디슨은 '1%의 영감이 없다

면 99%의 노력은 아무 소용없다.'고 하고 '99%의 노력은 1%의 영 감을 얻으려는 방편일 뿐'이라고 힘주어 이야기했습니다.

　에디슨의 '영감이 없는 노력, 다시 말해 방향성 없는 노력은 헛 된 일'이라는 것은 대단히 중요한 발견입니다. 우리들은 무엇이든 지 노력만 하면 되는 줄 아는데 이는 큰 착각입니다. 노력을 많이 하기로는 새벽같이 일어나 밤늦게까지 일하시는 분들이 최고일 것 입니다.

　그런데 그분들보다 정책을 입안하거나 회사를 만드신 분들이 성 공하는 경우가 더 많습니다. 그분들을 폄하하는 것이 아니라 노력 만 가지고는 안 된다는 것을 말씀드리는 것입니다. 물론 노력을 안 하는 것보다는 하는 편이 꿈을 이루는데 좋긴 합니다. 하지만 영감 이 없는 노력, 방향성 없는 노력은 처음 시도와는 달리 전혀 엉뚱 한 결과를 만들기도 하고, 또 사람을 쉽게 지치게 해서 꿈을 포기 하게 만듭니다. 그렇다면 영감이 무엇인지를 아는 것이 정말 중요 한데, 영감은 '이미 이루어져 있는 것을 보는 것'이거든요.

앵커: 영감이란 '이미 이루어져 있는 것을 보는 것'이다. 무엇을 의 미하는지 알 것 같기도 합니다.

황수남: 에디슨이 말하는 영감은 자신의 꿈이 이미 이루어진 것을 생생하게 그릴 수 있는 상상력과 방향성을 말합니다. 그래서 에디 슨은 영감을 얻기 위해 하루에 18시간 이상 오로지 그것만 생각했

다고 합니다. 무엇을 발명할 때는 오로지 그것만 생각하느라 의자에 앉은 채로 잠을 잤다고 합니다. 손에 구슬을 쥐고 바닥에 쇠로 된 그릇을 깔아 두고 의자에 앉아 잠을 잤는데, 잠이 들면 손에 힘이 빠져 구슬이 그릇에 떨어집니다.

그때 '쾅'하는 소리에 깜짝 놀라 잠이 깰 때 영감이 떠오른다고 했습니다. 에디슨은 물건을 만들기 위해 손발을 움직여 노력한 것이 아니라 영감을 얻기 위해 오로지 이루어진 꿈만 생각한 것이죠. 그 영감대로 발명품이 만들어진 것입니다. 발명품을 만들기 위한 노력은 에디슨의 공장에 있던 노동자들이 한 것이죠. 이렇듯이 99%의 노력을 한 노동자보다는 1%의 영감을 가진 에디슨이 성공한 것은 당연한 것이고요. 그래서 꿈을 이루는 첫 단계는 '오로지 그것만 생각한다.' 입니다.

앵커: 에디슨의 말은 노력을 강조한 것이 아니라 영감을 강조한 것이었군요. 하긴 무엇을 해야 할지 모르고 노력만 해서는 안 되지요. 그런데 일반인들이 그것만 생각하기는 어렵지 않나요?

황수남: 어렵지요. 예전에 누가 새해에 뚱뚱한 지갑과 날씬한 몸매를 꿈으로 세웠다고 했는데, 반대로 날씬한 지갑과 뚱뚱한 몸매가 되었다고 푸념하는 것을 들었습니다. 생각이 딴데 가 있었던것이지요. 우리들이 꿈만 생각하기 어렵다고 하는데, 그것은 꿈이 무엇인지 모르기 때문에 그렇지 꿈이 무엇인지 알면 어렵지 않습니다.

고전 물리학의 시대였던 뉴튼 철학은 '시간은 불가역성을 가지며 과거, 현재, 미래의 한 방향으로만 흘러간다.'고 했습니다. 그래서 미래는 아직 오지 않았기 때문에 불확실하다고 합니다. 그런데 아인쉬타인의 상대성이론과 닐 보어 등이 주창한 양자 역학에서는 시간은 한 방향으로만 흐르지 않고 양방향, 다시 말해 보는 사람에 따라 다르게 흐른다고 합니다.

쉽게 이야기하면 기차를 타고 가는 사람과 그 기차를 보고 있는 사람의 시간은 다르고, 아파서 날이 새기를 기다리는 사람과 사랑하는 사람과 같이 있는 시간은 분명 다르게 흘러갑니다. 우주선을 타고 우주에 나가있는 시간과 지구에서의 시간이 다르고, 지구와 금성에서의 시간도 다릅니다.

이것보다 더 나아간 핵끈 이론에서는 시간은 관찰자가 없으면 시간은 없고, 시간은 연속적連續的으로 흘러가는 것이 아니라 단속적斷續的으로 정지되어 있는 정지태, 지금 찰나 뿐이라고 합니다. 그렇다면 과거, 미래라는 시간의 개념은 생각과 마음속에만 존재하고 실재하지 않으며, 오로지 정지되어 있는 찰나의 지금밖에 없습니다.

미래에 꿈을 이루었다, 목표를 이루었다고 하는 것은 이미 이루어진 것이 생각이라는 정보에 떠올라 나타나는 것뿐입니다. 그래서 '꿈이란 이미 이루어진 미래 기억'으로 이미 이루어진 것이 생각에 떠오르는 것일 뿐입니다. 이미 이루어지지 않았다면 생각조차 할 수가 없습니다.

앵커: '꿈이란 이미 이루어진 미래 기억이다.'상당히 놀라운 말씀으로 좀 믿어지지가 않습니다.

황수남: 아닙니다. 이것은 부처님께서 우리들에게 '지금 찰나'만 존재한다고 알려주신 내용입니다. 그래서 부처님이 또 불교가 위대한 것입니다. 최첨단 물리학에서 지금에서야 조금 밝혀내는 것을 이미 몇 천 년 전에 밝혀주신 것입니다. 세상은 지금뿐이고 과거와 미래는 생각 속에만 있습니다. 여기서 정말 중요한 것은 생각할 수 있는 모든 것은 이미 이루어져 있는 것입니다.

거듭 이야기하지만 이미 이루어진 것이 아니라면 생각할 수도 없습니다. 영감이라는 것이 무엇인가 이상하고 불가사의해서 아무나 얻을 수 없는 것이 아니라, 이미 이루어진 것이 누구에게나 번쩍하고 생각에 떠오르는 것일 뿐입니다. 그러니 영감을 얻기가 결코 어려운 것이 아닙니다.

꿈은 '오지도 않은 불확실한 미래'에 대한 것이었기 때문에 의심이 생겨 확실하게 믿지를 못했는데, 꿈은 '이미 이루어진 것이 생각이라는 도구에 떠오르는 것'이니까 이제 꿈을 이루기가 훨씬 쉬워집니다. 그래서 아까 앵커님이 꿈만 생각하기가 어렵지 않느냐고 하셨는데, 이제는 꿈이란 이미 이루어져 존재하는 것이니까 그것만 생각하기도 쉽고 꿈을 이루기도 쉬워집니다. 그래서 꿈을 이루는 첫 단계가 그 꿈이 이미 이루어졌다고 믿고 그것을 생생하게 상상하는 것입니다.

앵커: 꿈이라는 것이 막연했는데 '꿈이란 이미 이루어져 있는 것의 미래 기억이다.'는 말을 듣고 보니 쉽게 이루어질 것 같습니다. 그런데 아무 꿈이나 이렇게 하면 이루어지나요?

황수남: 그렇지 않습니다. 꿈이란 이미 있는 것이 이루어지는 것이니까 이미 있는 것이 무엇인지부터 알아야 합니다. 있는 것은 어떤 조건하에서 상대적으로 나타났다, 사라졌다 하는 것이 아니라 '진짜로 존재하는 것'을 말합니다. '진짜로 존재하는 것'을 본질이라고 하는데 참眞, 착함善, 아름다움美이라고도 하고 불성이라고도 합니다. 이것들은 절대絶對인데 시간과 공간을 초월하여 항상 존재Be하는 것으로 보편성을 가진 세상 모든 것들의 가치 기준을 말합니다.
 그렇다면 '있는 것'은 가치가 있는 것이어야 하며, 시간과 공간에 따라 변하지 않는 영원한 가치를 말합니다. 있는 것이 무엇인지 좀 더 쉽게 예를 들어보면, 우리가 어떤 대상을 보았을 때 그것이 우리들에게 이미 들어있는 아름다움과 부딪혀서 일어나는 감정이 아름다움입니다. 그러므로 진정한 아름다움美이란 이미 있는 것을 말합니다. 아름다움이 우리들에게 이미 들어있지 않다면 아름다움을 느낄 수가 없습니다.
 '있는 것', '진짜로 존재하는 것'이 표현되어 나타난 것이 인간이며 삼라만상인 현상세계입니다. 미의 원형도, 미의 이상도, 미의 규범도 이미 있는 것, 이미 존재하는 것입니다. 이것이 영원한 가치의 본질이며 이 가치를 생활에 나타낸 것이 가치있는 삶이 됩니다.

아름다움美만이 그런 것이 아니고 정말로 있는 것인 진眞도 그렇고, 정말로 있는 것의 도덕적인 활동인 선善도 그러하며, 정말로 있는 것의 예술적인 표현 활동인 미美도 그렇게 표현됩니다. 이것이 가치의 본질인 진선미입니다.

우리가 살아가는 목적은 이미 있는 것을 생활에 표현하는 것입니다. 이미 있는 것, 다시 말해 참眞이 생활로 나타났을 때 삶에 가치가 실현됐다고 합니다. 그 참의 활동(진리)을 선이라 하며, 그것을 보고 느끼는 감정이 아름다움입니다. 그러니 있는 것은 좋은 것뿐입니다. 좋은 것은 보편성을 가지기 때문에 자신에게도 좋지만 남들에게도 좋습니다. 그러니 꿈이라는 것은 자신만을 위한 이기적인 것보다, 조금이라도 남을 기쁘게 하는 공익적인 것이어야 합니다. 이것이 상구보리 하화중생이고 홍익인간 이화세계입니다. 그래서 조금이라도 남을 이롭게 하는 꿈은 더 쉽게 이루어지는데 이것을 이상이라 합니다. 큰 이상을 가지고 남을 이롭게 하는 사람은 더 큰 부자가 되고 더 큰 꿈을 이루게 됩니다.

그래서 꿈은 작은 꿈보다는 되도록 큰 꿈을 그려야 합니다. 예전에 재봉틀을 개발한 사람은 여성분들이 가사노동에 힘들어 하는 것을 보고 안타까워 재봉틀을 개발했거든요. 그래서 여성들이 가사노동에 해방이 되고 산업 혁명을 이루는데 큰 역할을 하게 되었고, 그 개발자는 큰 부자가 되었습니다. 자동차를 개발한 헨리포드 1세가 그렇고, 전구를 개발한 에디슨도 남을 이롭게 해서 큰 부자가 되었습니다. 우리나라에도 있죠. 휴대폰 쓰는 사람 모두에게 문자 비용을 내지 않게 하겠다는 꿈을 꾼 사람입니다. 휴대폰에서 문자를 사용하는 사람들이 매달 내는 비용이 많았는데, 이를 안내게 하니 그 분이 큰 부자가 된 것입니다. 이러한 것처럼 사소한 꿈보다는 더 많은 사람을 이롭게 하겠다는 큰 꿈이 좋습니다.

앵커: '사소한 꿈은 이기적이다.'라는 말이 마음에 와 닿습니다.

황수남: 물론 사소한 꿈도 좋습니다. 그러나 그것보다는 되도록 큰 꿈, 되도록 위대한 꿈, 다른 사람을 이롭게 하고 세상을 이롭게 하는 꿈을 꾸어야 합니다. 너무 큰 꿈은 이루어지지 않는다고 말하면 안됩니다. 지금 자신이 생각 할 수 있는 모든 것은 이미 이루어진 것입니다. 자다가 깨어도 그 꿈만 생각하면 기뻐서 웃을 수 있는 원대한 꿈을 그리세요. 그러면 그 꿈을 보고 사람과 자본이 도와주겠다고 몰려옵니다.

앵커: 어떤 꿈을 가져야 하는지 그리고 꿈을 이루는 원리를 잘 알겠습니다. 이제는 꿈이 이루어졌다고 지속적으로 생각을 하고 행동을 하면 되는데 그것이 정말 어려운 일이거든요. 좋은 방법이 없나요?

황수남: 정말 어렵습니다. 이것은 꿈이 이루어져 있는 것을 생생하게 상상하지 못해서인데, 꿈이 이루어졌을 때의 느낌을 적어 보

셔야 합니다. 취업이 꿈인 사람은 원하는 회사를 상세히 적고 합격 통지서를 받았을 때의 느낌, 첫 출근하는 모습을 상세히 적어야 합니다. 질병에서 해방되고 싶으신 분은 병이 나았으면 좋겠다가 아니라 '병이 다 나아서 감사합니다.'하며 병이 이미 다 나은 모습과 기분을 완료형으로 적으셔야 합니다. 가난에서 해방되고 싶으신 분은 이미 부자인 모습을 생생하게 적으시고, 최소 한 달에 한번은 가장 좋은 옷을 입고 근사한 레스토랑에 가서 식사를 하며 부자처럼 행동을 하셔야 합니다. 돈이 없어 가난한 것이 아니라, 마음이 가난하니 가난을 불러와서 가난해지는 것입니다.

앵커: 마음이 부자면 부자가 된다고 하지요.

황수남: 그렇지요. 마음이 모든 것을 만들어내는 것이거든요. 예전에 세계적인 부자 자동차 왕 헨리 포드 1세에게 '석세스'지 기자가 "당신은 어떻게 해서 부자가 되었습니까?" 하고 물으니 "나는 자동차를 많이 팔아서 부자가 된 것이 아니다. 그것은 겉으로 나타난 모습일 뿐이다. 남들을 편리하게 해서 부자가 된 것이다. 나는 지금 알거지가 된다 해도 3년 안에 더 큰 부자가 될 수 있다. 내가 부자가 된 것은 이미 부자가 되어 있는 모습을 본 생각의 작은 덩어리가 나가서 구체화 되어 나에게 나타난 것뿐이다."라고 했습니다. 상당히 의미있는 말입니다.

그래서 꿈이 이루어진 것을 생생하게 적고, 틈날 때마다 보고 그 꿈이 이루어진 것처럼 행동하고, 모든 것에 감사해야 합니다. 그러면 꿈을 이룰 조건이 나타나고 올바른 활동도 하게 됩니다.

앵커: 지금까지 말씀을 듣고 보니 저는 사소한 꿈을 그리고 있었네요. 꿈이란 '생각의 작은 덩어리가 나가서 구체화 된 것'이라는 헨리 포드 1세의 말이 상당히 의미가 있습니다. 그렇게 생각을 하면 꿈이 이루어지기는 쉬워질 것도 같습니다. 꿈이 이루어지는 원리를 정리해 주십시오.

황수남: 꿈이 이루어지는 원리가 있습니다. 제일 먼저 큰 꿈을 생생하게 상상한다. 두 번째가 그 꿈이 이미 이루어진 것을 믿고 행동한다. 마지막으로 그 꿈이 이루어진 것에 기뻐하며 감사한다. 이렇게 하면 꿈은 반드시 이루어집니다.

앵커: 그 꿈이 이루어진 것에 기뻐하며 감사한다는 것은 김칫국부터 먼저 마신다는 느낌이 듭니다.

황수남: 물론 그렇게 느껴지기도 하겠지만, 세상의 모든 것이 만들어지려면 설계도라 불리는 마음의 원형이 먼저 있어야 하고, 그다음에 마음의 힘으로 설계도대로 만들어지거든요. 태초에 하나님이 세상을 만들 때는 포크레인이나 불도저, 망치 등 아무런 연장이 없었고, 오로지 마음의 움직임인 말씀으로 만들었죠. 이것을 불교에

서는 일체유심조라 하는데, 세상의 모든 것이 이와 같은 원리로 만들어집니다. 이 원리만 터득하시면 원하는 모든 꿈을 이룰 수가 있습니다.

거듭 말하지만 정말 중요한 것은 마음이 물질을 만들어낸다는 것입니다. 이 세상의 모든 것은 마음의 세계에서 먼저 만들어지고 난 후 그것이 구체화, 구상화, 물질화되어 현실 생활에 나타나는 것입니다.

앵커: 마음에서 생각한 것이 구체화되어 설계도로 되고, 그 설계도대로 만들어진다는 말씀, 마음에 쏙 듭니다.

황수남: 앵커님이 정리하신 원리대로 세상 모든 것이 만들어집니다. 예전에 공무원에 합격하기를 원하는 분이 상담을 오셨길래, 첫 출근 때 입고갈 옷을 깨끗하게 다려서 벽에 걸어두고, 그것을 보면서 공무원이 되었다고 생각을 하고, 기쁜 마음과 감사한 마음을 매일 적으라 했습니다. 한 달 정도 적으니 마음도 편안해지고 공부가 잘되기 시작하더랍니다. 결국 합격해서 감사 인사하러 오셨습니다.

한해를 새로 시작했으니 시청자 여러분께 평생 좋아지기만 하고, 써도 써도 마르지 않는 화수분 같은 선물을 드리겠습니다. '나는 매일 모든 점에서 점점 좋아진다. 반드시 좋아진다. 이미 다 좋아졌다.' 이 말을 하루에 1번씩만 하세요. 오늘 하루 만에 당장 좋아질 것입니다.

그리고 제가 올해 운세를 싹 바꿔 드리겠습니다. 해가 바뀌면 들 삼재다. 날 삼재다. 토정비결이 무엇이다 하는데, 이를 초월하는 최고의 운으로 바꾸어 드리겠습니다. 지금 거울을 보시고 자신의 얼굴에 입꼬리가 처지고 눈썹이 올라가는 등 웃음기가 없다면, 아무리 운이 좋아도 올해는 헛일입니다.

매일 아침, 거울을 보고 입꼬리를 살짝 올리시고 '하하'하며 큰소리로 웃으세요. 그 거울에 비친 웃는 모습을 보고 엄지 척하며 "네가 최고야!" 하며 또 웃어 보세요. 그러면 올해 아니 평생 운수 대통으로 웃을 일만 생깁니다. 웃음이 웃을 수 있는 운을 부르고 행복을 불러오고 좋은 일만 불러 옵니다. 그러니 끊임없이 웃어야 합니다. 웃고 또 웃고 또 웃어야 합니다. 온 세상이 웃을 때까지 웃어야 합니다. 그러면 세상이 자신의 것이 됩니다. 웃는 것에는 학위도 필요없고 기술도 필요 없습니다. 웃으면 어느 누구나 즐겁고 유쾌하게 살 수가 있습니다. 항상 싱글벙글 웃고 있는 사람은 어느 틈엔가 출세하여 부자가 되어 있을 것입니다.

웃음이 가득 찬 사람은 반드시 행복해집니다. 웃음이 가득 찬 집은 반드시 행복해집니다. 자신을 위해, 남을 위해, 세상을 위해 웃어야 합니다. 유쾌하고 쾌활하게 웃어야 합니다. 웃어서 좋아질 일들은 너무나 많습니다. 성격도 좋아지고, 주변 환경도 몰라보게 좋아집니다. 아내의 웃음 하나로 그 가정은 천국이 되고, 남편의 웃음 하나로 그 가정은 힘이 솟아납니다. 웃음은 단지 자신만 좋아지는 것이 아닙니다.

쾌활한 사람은 주위에 행복과 건강을 뿌리고 기쁨을 나눕니다. 밝고 쾌활하게 웃는 사람을 보면 기분이 좋아지고 누구든 행복해집니다. 어린아이의 깨 웃음을 보라. 어른의 호탕한 웃음을 보라. 노인의 하회탈 같은 너그러운 웃음을 보라. 그것을 보고 화를 낼 자 누가 있나요! 웃자, 웃자, 세상을 향해 웃자. 나의 웃음은 사람을 살리고 세상을 살리고 온 세상을 살리고 만복을 불러옵니다. 웃으면 복이 옵니다.

앵커: 웃으면 복이 온다!

황수남: 그렇죠, 웃으면 웃을 일만 생기고 그 웃음이 세상을 살립니다. 애청자 여러분은 최고의 운을 누리실 자격이 충분합니다. 올해 최고의 운을 타고 나신 애청자 여러분! 사랑합니다.

앵커: 작가님 말씀이 새해 최고의 선물이 될 것 같습니다. 나는 매일 모든 점에서 점점 좋아진다. 반드시 좋아진다. 이미 다 좋아졌다. 이 말을 하루에 한번씩 되뇌이시고 거울보고 웃으시면 꿈이 이루어지고 복이 온다! 너무나 좋은 덕담입니다. 꼭 실천해 보시기 바랍니다. 지금까지 황수남 마음연구가와 함께 했습니다. 새해 복 많이 받으십시오.

꿈을 이루는 첫 단계는 '오로지 그것만 생각한다.' 입니다. '꿈이란 이미 이루어진 미래 기억'으로 이미 이루어진 것이 생각에 떠오르는 것일 뿐입니다. 이미 이루어지지 않았다면 생각조차 할 수가 없습니다.

세상은 지금뿐이고 과거와 미래는 생각 속에만 있습니다. 여기서 정말 중요한 것은 생각할 수 있는 모든 것은 이미 이루어져 있는 것입니다.

꿈이 이루어지는 원리가 있습니다. 그 원리는 이렇습니다. 제일 먼저 되도록 큰 꿈을 생생하게 상상한다. 두 번째가 그 꿈이 이미 이루어진 것을 믿고 행동한다. 마지막으로 그 꿈이 이루어진 것에 기뻐하며 감사한다. 이렇게 하면 꿈은 반드시 이루어집니다.

'있는 것', '진짜로 존재하는 것'이 표현되어 나타난 것이 인간이며 삼라만상인 현상세계입니다. 미의 원형도, 미의 이상도, 미의 규범도 이미 있는 것, 이미 존재하는 것입니다. 이것이 영원 가치의 본질이며 이 가치를 생활에 나타낸 것이 가치있는 삶이 됩니다. 아름다움美만이 그런 것이 아니고 정말로 있는 것인 진眞도 그렇고, 정말로 있는 것의 도덕적인 활동인 선善도 그러하며, 정말로 있는 것의 예술적인 표현 활동인 미美도 그렇게 표현됩니다. 이것이 가치의 본질인 진선미입니다.

우리가 살아가는 목적은 이미 있는 것을 생활에 표현하는 것입니다. 이미 있는 것, 다시 말해 참眞이 생활로 나타났을 때 삶에 가치가 실현됐다고 합니다. 그 참의 활동(진리)을 선이라 하며, 그것을 보고 느끼는 감정이 아름다움입니다. 그러니 있는 것은 좋은 것뿐입니다. 좋은 것은 보편성을 가지기 때문에 자신에게도 좋지만 남들에게도 좋습니다. 그러니 꿈이라는 것은 자신만을 위한 이기적인 것보다, 조금이라도 남을 기쁘게 하는 공익적인 것이어야 합니다.

《코로나19가 주는 교훈》
코로나19 때문에 혼란스러워요.

아무리 강하고 나쁜 병균이라도
몇 대에 걸쳐 인공배양을 하면
나쁜 성질은 없어지고,
아주 순한 균으로 바뀝니다.

코로나19 때문에 혼란스러워요.

아들 내외와 어린이집에 다니는 손자와 함께 사는 주부입니다. 요즘 코로나19로 인하여 세상이 온통 뒤숭숭한데, 그에 따라 많은 변화를 피부로 느끼고 있습니다. 저희집 역시 대혼란이 왔습니다. 아들이 재택근무를 시작할 때는 서로 같이 있을 수 있어서 좋다 하더니, 며칠 지나지 않아 아들 내외가 토닥거리기 시작하고, 손자 역시 엄마 아빠랑 같이 있는 것이 좋다고 하더니 이제는 힘들어 합니다.

그것을 바라보는 저 역시 마음이 무겁고 어찌해야 할 바를 몰라 힘이 들고, TV를 켜기만 하면 온통 코로나 이야기뿐이고 세상의 모든 것이 마비된 것 같습니다. 왜 코로나 같은 사태가 일어났는지, 또 이럴 때 어떤 마음을 가져야 할까요?

앵커: 질문자의 말씀처럼 세상의 모든 것을 코로나19가 집어삼킨 것 같습니다. 전혀 경험해 보지 못한 새로운 일이고 많은 것들이 변하고 있습니다. 대표적으로 무엇이 있을까요?

황수남: 정말 많은 것들이 변하고 있습니다. 사회적으로 크게 이슈화될 것들이 코로나라는 블랙홀로 빨려 들어가는 것 같습니다. 크게는 국회의원 선거가 이슈화되지 않고 또 선거 방법도 많이 달라질 것입니다. 재택근무가 일상화되고 대면 강의가 없어지는 대신 비대면 강의가 많아질 것이고, 학교 개학이 연기되는 등 많은 것들이 변하고 있습니다. 많은 변화들이 있지만 질문자께서 말씀하신

가족 간의 갈등이 많아지는 것이 제일 큰 변화라 해야 할 것 같습니다. 남녀가 같이 있으려고 결혼도 하고 아이도 낳고 하는데, 막상 같이 있어 보면 또 떨어지고 싶어 하거든요.

앵커: 그런 것 같습니다. 같이 있으면 좋을 것 같은데 며칠만 같이 있어 보면 그렇지 않거든요. 왜 그런 마음이 들까요?

황수남: 같이 있으면 좋아야 하는데 그렇지 않으니 이상하죠. 그 이유를 살펴보면, 예전에는 가족을 위해 묻혀 버리는 가족 각각의 작은 목소리가 이제는 힘을 내기 때문인데, 이번 코로나 사태와 같이 설명해야 할 것 같습니다. 지금 코로나 사태를 보면, 현미경으로 봐야 겨우 보일까 말까 한 작디작은 바이러스가 막강한 힘을 구축하여 온 세계를 집어삼킬 듯이 위세를 떨치며, 세계적으로 막강한 나라들을 뒤흔들고 있습니다. 눈에 보이지도 않는 아주 작은 것들이 전체를 지배합니다.

이제는 작은 것들이 힘을 발휘하는 시대입니다. 아무리 막강한 무기체계, 아무리 큰 우주선이라 할지라도 그것을 작동시키는 프로그램의 점 하나, 또 그 점의 명령에 따라 움직이는 전자알갱이의 동작이 없으면, 그런 무기체계나 비행선은 무용지물이 됩니다. 만에 하나 그 프로그램의 점 하나 또는 전자알갱이의 작동이 잘못되기라도 한다면, 무기나 비행체는 오작동을 일으켜 치명적인 결과를 가져옵니다.

예전에는 가족이라는 큰 단위에서 무시될 수 있던 것들이, 이제는 각 개인의 단계로 작아져서 각자의 영역을 표현하는 시대가 되었습니다. 국민의 생명과 재산, 행복과 불행, 국방과 경제, 교역 관계와 문화, 생명 연장 및 국제관계 등에 있어서도, 작은 것들의 변화가 중심을 흔드는 것이 분명하게 나타나고 있습니다. 이른바 '작은 것들의 시대'가 되어 아주 작고 미세한 것들이 크고 복잡한 시스템의 핵심인 시대가 되고 있습니다. 이러한 현상은 '작은 것들이 주인이 되는 세상'이 되는 징조입니다.

앵커: '작은 것들이 주인이 되는 세상'이라면 무엇을 말하나요?

황수남: 민주주의 공산주의 등 양극의 지배와 복종 시대에서 상생, 조화, 배려, 봉사의 세상으로 바뀌는 것을 말합니다. 지금까지 지탱되어왔던 권력의 시대는 사라지고, 작고 보잘것없는 꼴찌가 세상의 주인이 되고 흐름을 주도해서 리더가 되는 세상이 될 것입니다. 실례로 지금 코로나 사태에 대응하는 것을 보면, 국가나 단체의 역할도 크지만 작다고 무시되던 개개인의 역할이 더욱 힘을 발휘하고 있거든요. 자기의 일상생활을 팽개치고 현장으로 가서 봉사를 하는가 하면 물품기부 등 재능기부가 꼬리에 꼬리를 물고 있습니다. 심지어 유치원 아이들까지 마스크 기부를 하죠.

즉 특정한 곳이 중심이 아니라 모든 곳이 세상의 중심자가 되고, 모든 사람들이 저마다의 위치에서 세상의 키워드keyword가 되며,

세상의 모든 존재들이 저마다 우주의 중심이 되어 가고 있습니다. 어느 특정 거대세력이 국가나 세상의 중심이 아니라, 작은 것들이 하나하나 모여서 집단 이성을 형성하고, 집단적 권력망을 구축하여 행복한 세상을 만드는 것을 말합니다.

앵커: '작은 것들이 존재감을 부각하는 시대로 변화할 것이다.'라고 하시는데 그렇게 되면 세상 살기가 참 좋을 것 같습니다.

황수남: 그렇지요. 앞으로의 세상은 승자독식의 세상, 영웅호걸들이 중심이 되는 세상이 아니라, 가장 평범한 사람들이 그때그때마다 함께 행복한 세상을 만들어내게 될 것입니다. 지난날에는 절대 권력 앞에서 힘없는 사람들은 아무 변명도 하지 못한 채, 이리 채이고 저리 부대끼면서 벙어리 냉가슴 앓듯 억울하게 살다가 죽어 간 경우가 많았는데, 코로나를 스스로의 힘으로 이겨낸 경험을 바탕으로 모든 이들이 주인이 되고 서로를 도우면서 오순도순 행복하게 살아가게 될 것입니다.

우리나라가 코로나 사태에 대응하는 것을 보고 세계가 놀라고 있습니다. 세계가 제일 크게 부러워하는 것이 시민들의 자발적인 동참인데, 이것을 보고 민주주의의 힘을 보여 주었다고 극찬을 하고 있습니다. 이러한 현상은 작은 것들의 존재감 다시 말해 우리 스스로가 주인이 되어 가기 때문입니다.

앵커: 우리 스스로가 행복한 세상을 만들어 간다는 말만 들어도 뿌듯합니다. 이번 코로나 사태로 우리 민족의 훌륭한 시민의식이 다시 한번 힘을 발휘하는 것을 보고 자랑스럽고 흐뭇합니다. 그런데 이번 코로나 때문에 경제적으로 더 힘들어지지 않았나요? 정말 먹고 살기가 팍팍해졌잖아요.

황수남: 이번 사태로 많은 변화들이 일어나고 있고, 그 변화의 중심에 성숙한 시민의식이 자리 잡고 있습니다. 그런데 아직 부富의 불평등이 해소될 방향을 잡아가지를 못하고 있는데, 이번에는 중요한 것을 배우게 될 것입니다. 코로나 사태로 경제가 거의 마비되었다고 합니다. 이는 뒤집어 보면 소비가 일어나지 않기 때문인데, 재벌이나 국가가 무시하고 있었던 작은 소비자가 얼마나 중요한지를 뼈저리게 느끼게 될 것입니다. 아무리 거대한 권력, 난공불락의 재력을 가졌더라도 작은 소비자가 없다면, 아무 소용이 없다는 것을 알게 될 것이고, 소비자와 함께 살아야 한다는 것을 크게 배우게 될 것입니다.

세상에 단 하나뿐인 희귀한 돌이라도 작은 받침돌 없이는 빛이 나지 않기에 아무 소용이 없다는 것을 깨닫게 되는 등, 경제 부분을 비롯하여 많은 부분에서 작은 사람들의 소중함과 존재감이 커지는 쪽으로 변하게 될 것입니다. 이와같이 지금의 코로나 바이러스가 국가나 재벌이 먼저 살아야 한다는 거대한 담론보다는, 우리 주변의 작고 실질적인 것들에 대한 경각심을 불러일으키게 될 것입니다.

앵커: 그렇다면 이러한 변화에 우리들은 어떤 마음을 가져야 하나요?

황수남: 우리는 지금 코로나를 너무 두려워합니다. 두려움과 대처, 걱정과 준비는 다릅니다. 대처는 하되 두려움을 없애야 합니다. 두려움없이 올바른 대처를 하면 코로나는 반드시 이길 수 있습니다. 그리고 대처법은 손발 깨끗이 씻고, 마스크하고 다니고, 양치질 잘하고, 밥 잘 먹고, 일 잘하면 됩니다. 늘 우리가 하던 것을 좀 더 집중하면 되는 것입니다.

그리고 원래 나쁜 병균은 없습니다. 나쁜 병균이 없다 하면 의아하게 생각하실 것인데 제가 증명해 보이겠습니다. 아무리 강하고 나쁜 병균이라도 몇 대에 걸쳐 인공배양을 하면 나쁜 성질은 없어지고 아주 순한 균으로 바뀝니다. 그래서 이것을 예방주사나 왁진으로 쓰는데 왜 인공배양을 하면 나쁜 균이 순한 균으로 바뀔까요?

인공배양을 한다는 것은 균의 입장에서보면 상당히 우호적인 환경, 좋은 환경을 제공받는 것입니다. 쉽게 말하면 자기들을 나쁜 균이라고 죽여 없애려고 하니 그에 대항해서 살아남으려고 강해지고 포악해져서 나쁜 균이 되었는데, 인공배양을 할 때는 균의 입장에서보면 균에게 잘 살 수 있는 부드러운 환경이 제공되니 그에 맞춰 부드러워지고 순해지는 것입니다. 균은 같은 균인데 균을 대하는 사람들의 마음이 어떠한가에 따라 균의 성질이 달라집니다.

내가 남을 미워하고 시기하며 서로 싸워 이기려는 마음을 가지고 살면, 남들 역시 나를 미워하고 시기 질투하게 되는 것과 같은 이치입니다. 그러한 사람들의 시기, 질투, 미워하는 마음에 따라 유익균도 유해균으로 바뀌어서 사람을 공격하는 것입니다. 코로나는 사람들의 잘못된 마음 때문에 만들어진 것입니다. 그러니 이번 코로나 사태는 '인류여! 제발 사랑과 용서, 감사와 자비로운 마음으로 살아가세요.' 하는 메시지입니다.

그렇다면 지금부터라도 코로나에 감염된 사람들을 비롯하여 모든 사람들에게 온정의 마음, 사랑의 마음, 베푸는 마음을 베푼다면, 이러한 사태는 빨리 종식될 것이고 다시는 이러한 일이 일어나지 않을 것입니다. 그리고 코로나는 '감기 정도일 뿐이다.' 하는 마음으로 공포심을 없애야 합니다. 공포심이 오히려 병균을 더 공포스럽게 만들어냅니다.

앵커: 결국은 인간을 인간답게 하는 사랑, 감사, 자비, 봉사로 귀결이 되는군요. 그렇지만 세상을 사랑하고 범사에 감사하는 삶을 살기가 그리 쉽지가 않을 것입니다. 어떻게 하면 세상을 사랑하면서 살 수 있나요?

황수남: 아주 쉽습니다. 스스로를 세상을 사랑하는 사람, 범사에 감사할 줄 아는 사람이라고 인정부터 하는 것입니다. 김춘수 시인

의 꽃이라는 시를 보면 내가 그의 이름을 불러주었을 때 비로소 꽃이 되었다 하거든요. 이러한 것처럼 스스로 이웃과 세상을 사랑하는 사람, 감사하는 사람이라고 인정하는 것에서 출발해야 합니다. 우리는 어쩌면 축복받은 시대에 살고 있는지도 모릅니다. 4.19와 5.18은 방관자의 시대에서 참여자의 시대로 우리의 의식을 바꿔 놓았고, 세월호 이후 시대는 온 국민이 상주가 되어 남의 일에도 안타까움을 낼 줄 아는 공동체 의식으로 성장을 했고요. 이번 코로나는 수영장에 물이 빠지면 누가 벌거숭이고 누가 옷을 입은지 적나라하게 보여주는, 다시 말해 누가 종인지 주인인지 알게 되는 변곡점이 될 것인데, 옷을 벗은 벌거숭이 종이 아니라 부끄럽지 않은 주인으로 성장하게 될 것입니다.

앵커: 수영장에 물이 빠지면 누가 벌거숭이인지 알 수 있다는 말이 가슴을 찌릅니다. 끝으로 하실 말씀 있으시면 해 주십시오.

황수남: 이제는 허황한 거대 담론보다는 작은 것들이 중심이 되는 현실적인 것에 집중해야 합니다. 값비싼 차가 내 뿜는 매연보다 한 줄기의 따사로운 봄 햇살이 더 값지거든요. 이제 우리가 주인이 됩시다. 주인이 되자면 제일 먼저 '내가 주인'이라고 선언을 하고 '세상의 주인은 바로 나다.'하고 인정해야 합니다.

세상의 중심 키워드가 되고 주인이 되신 여러분을 축하하는 의미에서 김춘수 님의 「꽃」이라는 시를 읽어 드리겠습니다.

꽃

- 김춘수 -

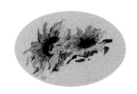

내가 그의 이름을 불러주기 전에는
그는 다만 하나의 몸짓에 지나지 않았다.
내가 그의 이름을 불러주었을 때
그는 나에게로 와서 꽃이 되었다.

내가 그의 이름을 불러준 것처럼
나의 이 빛깔과 향기香氣에 알맞은 누가 나의 이름을 불러다오.
그에게로 가서 나도 그의 꽃이 되고 싶다.

우리들은 모두 무엇이 되고 싶다.
너는 나에게 나는 너에게 잊혀지지 않는 하나의 눈짓이 되고
싶다.

　내가 인정할 때 꽃이 비로소 꽃이 되는 것처럼, 내가 나를 인정
할 때 세상의 중심자, 주인공이 되고 내가 부처가 됩니다. 부처가
되신 여러분, 사랑합니다!

코로나는 사람들의 잘못된 마음 때문에 만들어진 것입니다. 그러니 이번 코로나 사태는 '인류여! 제발 사랑과 용서, 감사와 자비로운 마음으로 살아가세요.' 하는 메시지입니다.

이제 우리가 주인이 됩시다. 주인이 되자면 제일 먼저 '내가 주인'이라고 선언을 하고 '세상의 주인은 바로 나다.' 하고 인정해야 합니다.

스스로 세상을 사랑하는 사람, 범사에 감사할 줄 아는 사람이라고 인정부터 하는 것입니다.

《한 해를 보내며》
어떤 마음으로 한해를 보내야 하나요?

주변환경이 깨끗하면 마음이 깨끗해집니다.
그러니 제일 먼저 주변 청소를 해야 합니다.
그리고 마음을 청소해야 합니다.

어떤 마음으로 한해를 보내야 하나요?

BBS 라디오 황수남의 마음 치유 상담소를 빠짐없이 청취하고 있는 애청자입니다. 많은 사람들이 고민하고 있는 문제를 쉽게 잘 설명해 주시고, 애매모호하고 무거울 수 있는 마음이라는 주제를 생활에 바로 접목할 수 있게 쉽게 풀어 주시니 너무나 감사드립니다. 한해가 저물어가고 있습니다. 올해를 어떤 마음으로 보내야 하는지 여쭈어봅니다.

앵커: 제가 묻고 싶은 이야기입니다. 시간은 속절없이 가고 올해가 시작된 지 엊그제 같은데 벌써 한 해가 저물어 갑니다. 이때가 되면 모두가 한해를 보내는 아쉬운 마음이 있을 것입니다. 한 해의 시작도 중요하지만 끝도 중요하리라 생각을 합니다. 어떤 마음으로 한 해를 보내는 것이 좋을까요?

황수남: 이 코너를 사랑해 주시는 애청자님께 크게 감사드립니다. 시간이 참 빨리 흘러가는데, 올해를 돌아보면 남들은 많은 것을 이룬 것 같은데, 나만 해 놓은 것 하나 없이 나이만 먹은 것 같을 것입니다. 그런데 자세히 보면 말은 뛰었고, 새는 날았고, 달팽이는 기었고, 거북이는 걸었고, 굼벵이는 굴렀는데, 한 해가 동일하게 갔습니다. 죽을만큼 힘든 고통속에서도, 큰 축복의 기회를 얻어 하늘을 향하는 비상의 시간에서도, 무탈속에 평범한 감사의 생활에서도, 한 해는 동일하게 지나가는 것을 보면 큰 틀에서는 차이가 없

습니다. 그러니 이룬 것, 못 이룬 것을 신경 쓰는 것보다 오늘 하루를 어떻게 살았는지가 중요합니다.

오늘은 올해 마지막 방송인만큼 올해를 돌아보는 의미에서 '다니구찌 마사하루' 님의 시를 가지고 질문에 답해 볼까 합니다.

앵커: 좀 새로운 시도입니다. 그럼 시를 한번 들어볼까요?

황수남: 제목이 「12월 31일」이라는 시입니다. 단락별로 읽어 보겠습니다.

12월 31일

올해의 마지막 날이다.
새해 새날을 맞이하기 위해 깨끗해져야 하는 날이다.
집을 깨끗이 하고,
마음을 맑게 하여 새신부가 신랑을 맞이하듯,
좋은 일만 올 수 있게,
마음을 비우고 모든 것을 깨끗이 해야 한다.

새것을 맞이하려면 제일 먼저 버리고 비워야 합니다. 그렇다면 무엇을 버리고 비워야 할지를 봐야 하는데 자신의 삶에서 익숙한 것들과 먼저 결별해야 합니다.

앵커: 익숙한 것들과 결별하기가 말로는 쉽지만 실제로는 어려울 것인데, 그러자면 대단한 용기가 필요할 것입니다.

황수남: 그렇죠. 어렵지만 연말이니 만큼 용기를 가지고 한번쯤은 마디를 끊어 줘야 합니다. 며칠 전 TV에서 쇼생크 탈출이라는 명화를 봤습니다. 그 영화중에서 도서관 일을 보는 늙은 죄수 브룩스가 50년 만에 가석방 통보를 받고 기뻐해야 하는데, 뜻밖에 헤이우드를 잡아 목에 칼을 대고 죽이려 하는 장면이 있었습니다.

그다음 장면에 주인공 듀프레인과 앤디가 풀어가는 명대사가 너무나 가슴을 찔렀습니다. "브룩스가 왜 사고를 저질렀는지 모르겠다. 석방되면 자유롭고 좋을 텐데…" "나는 그 마음을 알아. 교도소에 들어오면 처음에는 교도소 담장을 보고 미워하게 되고 절망하지만, 차츰 익숙해지고 나중에는 의지하게 되지. 이것이 길들여 진다는거야. 오래 있으면 교도소가 삶의 일부야!" 브룩스는 교도소 생활을 50년 하다 보니 오히려 그곳이 익숙해지고 편안해진 것입니다. 그래서 교도소를 나가지 않으려고 사고를 저지른 것입니다. 브룩스는 가석방되어 얼마지 않아 자살하고 맙니다.

지금 생활이 익숙하신가요? 아이를 키우다가 처음 화를 냈을 때는 제대로 타이르지 못하고 감정에 못 이겨 화를 낸 것에 당황하다가, 차츰 화내는 것에 익숙해지고 나중에는 화에 의지하게 되어 아이 교육에는 화만 내지 않든가요? 종국에 가서는 소리 지르지 않고 화내지 않으면 아이 교육이 안 되는 줄 압니다. 부부 사이도 그렇지 않던가요? 처음 사소한 실수에 화를 내며 싸우고 마음이 아파 어떻게 화해를 할까 하며 마음 졸이고 미안해했는데, 이제는 부부싸움이라는 상황이 익숙해져서 부부가 항상 화를 내거나 혹은 무관심에 익숙해지지 않았나요? 올해 자신이 꿈꾸었던 삶은 어땠나요? 자신의 꿈과 멀어져 가는 것에 처음에는 '이게 아닌데?' 하다가 차츰 익숙해지고 '그럴 수밖에 없는 현실'이라고 숨어버리고 의지하게 되지 않았나요? 나중에는 '나에게 꿈이 있었나?' 할 정도로 무감각해지고 익숙해져 버립니다.

올해를 보내면서 내가 만족하지 않은 부분에 익숙하게 되지 않았나 살펴보고 익숙한 것과 과감히 결별해야 합니다. 특히 중년이 되면 부부가 정으로 산다고 합니다. 일견 맞지만 나이 들어갈수록 더 큰 사랑으로 가야 하지 않을까요?

익숙한 것을 버리고 새것에 맞이하려면 주변과 마음을 깨끗이 해야 합니다. 익숙한 것과 결별 중 가장 쉽고 효과가 좋은 것이 청소입니다. 오늘부터 주변 청소를 조금씩 하되 아주 정성 들여서 하십시오. 그러면 주변이 깨끗해질 뿐만이 아니라 자신을 둘러싼 생활환경이 깨끗하게 정리되어 나타날 것이고, 또 주변환경이 정성을 다해 자신을 대하게 될 것입니다.

앵커: 오늘부터 집안청소나 사무실 청소를 시작하라!

황수남: 네, 주변 청소가 첫 번째입니다. 두 번째가 마음을 청소하

는 것인데 마음을 깨끗이 청소하는 방법은, 올해 좋지 않았던 일과 불편했던 일을 생각나는 대로 종이에 적어서 태워버리는 것입니다.

앵커: 마음이 홀가분해지고 속이 후련해질 것 같습니다.

황수남: 그럼요. 고해성사하는 것과 같은 원리입니다. 마음에는 구체화되어 물질로 표현하려는 힘이 있습니다. 불편한 마음을 글로 적어서 구체화시켜 다른 것으로 표현해서 태워버리면, 불편했던 마음의 에너지가 없어지기 때문에 자신의 주변에 나쁜 일이 나타날 수가 없습니다.

앵커: 청소를 하라. 그리고 좋지 않은 일을 종이에 적어 태워 버려라. 두 가지네요. 이것은 아무나 할 수 있을 것 같습니다.

황수남: 네. 어렵지 않습니다. 주변청소와 마음청소, 이것은 필히 하셔야 합니다. 자신의 마음과 주변 환경은 동전의 양면과 같습니다. 마음이 어지러우면 주변 환경이 어지러워지고, 주변 환경이 깨끗하면 마음이 깨끗해집니다. 그러니 제일 먼저 주변청소, 마음청소부터 해야 합니다.

앵커: 좋은 것을 받아들이려면 익숙해진 나쁜 것들을 버려야 한다 … '익숙한 것들과의 결별'이라 대단히 좋은 말씀입니다. 특히 좋

지 않은 일을 적어서 태워 버리면 에너지가 없어져서 나쁜 일이 생기지 않는다는 말씀, 상당히 의미가 있습니다. 저도 꼭 해봐야겠습니다.

황수남: 우리가 한해를 보내면서 해넘이를 본다던지, 친지들과 파티를 하는 등 이것들 모두가 좋습니다. 그런데 그러한 것들은 언제든지 할 수가 있거든요. 그러니 잠시 밀쳐두고 그것보다 더 중요한 일을 해야 합니다. 오늘이 올해의 마지막 날인 만큼 새로운 것을 받아들일 무엇인가를 해야 합니다. 무엇인가 새로운 것이 들어오려면, 마음과 주변 환경에 쌓여 있는 것을 치워야 하고 비워야 합니다. 빈자리가 있어야 새로운 것이 들어오거든요.

요즘은 아이들이 다 자라서 잘하지 않지만, 한해 좋지 않은 일을 종이에 적어서 태워 버리는 것이 저희 가족 연중행사로서 마음이 후련해지고 가뿐해졌습니다.

앵커: 저는 한 장 정도로는 안 될 것 같고 노트 한 권은 족히 될 것 같습니다.

황수남: 하하하, 대개 그럴 것입니다. 그런데 좋지 않은 일을 적다 보면 '그때는 왜 그랬지?' 하며 자연스레 자신을 되돌아보게 되어 자신을 이해하고 더 나아가 타인도 이해하게 됩니다. 계속 읽어 보겠습니다.

그리고 오늘밤 잠자리에 들기 전에 모든 사람을 용서하고
모든 사람에게 감사하는 그 마음으로 마음속을 정화시키고
사랑과 축복하는 생각으로 마음속을 아름답게 장식하여
언제라도 새롭고 훌륭하고 좋은 것이 오더라도
그것을 맞이할 수 있도록
마음과 영혼에 만반의 준비를 하고 잠자리에 들자.

오늘 하루 이렇게 말하자. 사람들이여, 부디 편안하여라
나는 모든 사람들에게 감사한다.
올해 모두 잘 살아주었다. 일 잘해 주었다.
당신들이 있어 주었기에 내 생활이 영광을 누리게 된 것이다.

앵커: 참으로 마음에 와 닿는 보석같은 시입니다.

황수남: 그렇지요, 저는 매년 이 시를 친지들에게 보냅니다. 앵커
님, 1년 중 축복의 문자를 제일 많이 보내는 날이 언제일까요?

앵커: 12월 31일이 아닐까요?

황수남: 예, 맞습니다. 아무리 힘든 일이 있고 용서하지 못할 일이
있어도, 우리나라 사람이라면 오늘만큼은 남들 잘되라고 축복의
문자 1통은 보낼 것입니다. 이 축복의 문자를 보내는 마음이 제일

먼저 자신의 삶을 행복으로 이끌어가고, 그것들이 모여 우리나라의 운명을 바꾸어 줍니다. 우리나라 국민이 오늘 보내는 축복의 에너지가 우리들을 추석까지 편안하게 살게 하고, 추석 때 보내는 축복의 문자나 염원의 힘이 오늘까지 지속됩니다. 한 사람 한 사람의 축복하는 마음이 모여 우리가 잘살게 되는 것입니다.

앵커: 작가님 말씀을 듣고 보니 서로 축복하는 마음 때문에 우리가 편안하게 존재하는지도 모르겠네요.

황수남: 그럼요, 오늘 만큼은 내 마음에서 가장 좋은 말을 꺼내거든요. 이것을 '내 마음의 노래'라고 합니다. '내 마음의 노래'는 자신의 마음속에서 노래하듯이 자주 그리고 즐겨 하는 말인데, 이것이 무엇인지 잘 살펴보아야 합니다. 자신의 삶은 자신이 노래처럼 매일 즐겨하는 말 그대로 만들어져 있을 것입니다. 좋지 않은 말이 많았으면 올 한해 좋지 않은 일이 많았을 것이고, 좋은 말을 많이 했으면 좋은 일이 많았을 것입니다. 그러니 내 마음의 노래가 부정적이거나 가시처럼 남을 찌르는 것이라면, 오늘 문자 보낸 것처럼 축복하는 말로 꼭 바꾸세요.

앵커: 축복하는 말로 바꾸자! 생각이 행동을 바꾸는 것이지요.

황수남: 그렇지요. 마음이 바뀌면 말이 바뀌고 말이 바뀌면 행동이

바뀌고 행동이 바뀌면 습관이 바뀝니다. 이 습관이 더 좋은 생각을 가지게 하여, 삶이 훌륭해지는 선순환이 계속 일어납니다. 마음을 꼭 바꾸셔야 합니다. 그러면 항상 성공만 하는 삶이 됩니다. 모든 행동을 지배하는 것이 마음이니까, 지금의 상황이 좋지 않다면 마음의 파장을 바꾸어, 부디 오늘처럼 웃는 얼굴로 기쁨의 노래, 축복의 노래를 부르십시오. 오늘 하루만! 이 순간만이라도 바꾸면 평생 훌륭한 삶이 됩니다.

앵커: 정말 금과옥조 같은 말입니다. 말만 바꾸어도 주변 사람들이 '뭔가 달라졌네.'라고 할 것입니다. 작가님 말씀처럼 오늘 하루만 행복하게 산다면 그것이 평생 행복해질 것 같습니다. 작가님 다음의 구절이 궁금해집니다.

황수남: 계속 읽어 보겠습니다.

천둥도, 폭풍도,
산에 버리는 비도,
지진도 해일도,
모든 불행도
그것들은 모두 나를 높여주기 위한 것이었을 뿐 아무것도 아니다.

　세상을 살다 보면 나쁜 일도 생기고 좋은 일도 생기는데 좋은 일은 더 좋은 쪽으로, 나쁜 일도 좋은 쪽으로 이끌어야합니다. 좋은 일이든 나쁜 일이든 모두가 자신을 발전시키는 디딤돌인데, 우리들은 살면서 좋지 않은 일이 생기면 대개 '세상사 새옹지마'라고 하며 포기를 하며, 적극적으로 자신의 삶을 개척하지를 않습니다. 모두가 알고 있는 이 말을 가지고 우리의 삶을 단계적으로 한번 보도록 하겠습니다.

새옹지마는 중국 변방에 한 노인이 살고 있었는데, 키우던 말이 나가서 며칠 후 암말을 데리고 들어 왔고, 아들이 말을 타다가 다리가 부러졌는데 마침 전쟁이 일어나 징집을 피하게 되었다는 이야기입니다. 세상을 살아가는 우리들은 어떤 사건이 생겼을 때 대개 4가지로 대응을 합니다. 제일 하수는 말이 나갔을 때 화를 내고 암말 데리고 올 때 기뻐합니다.

앵커: 사람이 간사하다고들 이야기하지요.

황수남: 이것은 나타난 상황에 따라 일희일비한다는 것입니다. 이런 분들은 행복의 기준이 없고, 행복이란 오로지 밖에서 주어지는 것이라고 믿는 부류들로 진정한 행복을 모르는 사람들입니다. 그 다음 단계는 삶이란 이럴 때도 있고 저럴 때도 있고 살다보면 좋아진다고 생각하는 부류인데, 겉으로 보기에는 낙관적인 것 같지만 상당히 소극적인 삶을 살아가는 사람들입니다.

앵커: 엄밀히 보면 소극적으로 사는 사람들이네요.

황수남: 그렇지요. 삶에 순응한다고 강변하지만 적극적으로 자신의 삶을 개척하는 것이 아니고, 시간이나 운에 기대게 되고 운명론에 빠지기 쉽습니다. 이 역시 행복이란 밖에서 주어지는 것의 범주를 벗어나지 못합니다. 그 다음 단계는, 의식적으로 좀 더 발전한 분들의 삶으로 모든 일은 나타난 일일뿐, 스스로 좋고 나쁜 성질을 가지지 못한다고 생각하시는 분들인데, 이를 불교에서는 '제법이 공하다諸法以空'라고 합니다. 무슨 말인가 하면 말馬은 이 노인에게는 전 재산이었습니다. 그런데 이 말이 나가버렸으니 노인은 하루아침에 모든 것을 잃어버렸습니다.

이 일이 생기니 동네 사람들의 말들이 많았습니다. "큰일 났네, 저 집은 이제 망했다. 말이 도망갔으니 뭐 해먹고 사나!" "부도가 났네, 차라리 남이 탐 낼 때 팔지, 쯧쯧쯧…" "평소에 잘나갈 때 좋은 일 좀 하지, 안 그러니 저런 일이 생기지…" 하며 온갖 이야기가 난무해도 이 노인은 "여보게들, 그런 말들 하지 마시게. 이일은 말馬이 나간 사건일 뿐일세. 좋은 일도 나쁜 일도 아닐세."하며 자기 할 일을 꾸준히 하고 있었거든요.

앵커: 그 이상도 이하도 아니다. 말馬이 나갔을 뿐이다!

황수남: 그렇죠. 그냥 말이 나갔을 뿐이죠. 사건을 축소해서 일어

난 일만 보거든요. 이것이 문제 해결의 열쇠입니다. 우리가 살다보면 일들이 많이 생기거든요. 예를 들어 아침 출근길에 돌에 걸려 넘어지면 '마누라가 잔소리를 하더니…' 또는 제 시간에 챙겨 주지 않아서 재수 없게 사고가 났다고 하거든요. 그런 것이 아니라 돌에 걸려 넘어진 것뿐이거든요.

앵커: 그런데 우리들은 일을 확대하고 남 탓을 하지요.

황수남: 그래서 일어난 사건은 사건일 뿐이니, 그 사건에만 마음이 머물면 일 처리가 쉬워집니다. 그런데 며칠 후 집을 나갔던 말이 암말을 데리고 집으로 다시 들어왔을 때도 동네 사람들이 말하길 "복도 많지, 어떻게 하면 집 나갔던 암말을 데리고 오지! 우리 집 말은 왜 그렇게 하질 못하나…" "평소에 좋은 일을 많이 하니 복을 받나 봐…" 수많은 이야기들이 오고 갔지만 정작 그 노인은 "그것은 본질이 아니라네. 집 나갔던 말이 암말馬과 같이 들어온 것뿐이지 아무 일도 아니라네." 하면서 자기 일만 묵묵히 하거든요.

그 후에 노인의 아들이 말을 타고 놀다가 떨어져 다리가 부러졌을 때 동네 사람들은 "호사다마好事多魔라고 그럴 줄 알았다. 좋을 때, 잘나갈 때 조심해야지 큰 부자 된 줄 알고 으스대더니만 그럼 그렇지… 젊은 아들이 불구가 되었으니 어찌 살꼬, 장가가기도 힘들고, 돈벌이하기도 어려워지고…" 이런 이야기들이 난무해도 그 노인은 "여보게들! 너무 멀리 가지 마시게. 이일은 아이의 다리가 부러진 사건일 뿐이야. 그냥 일어나는 일일뿐 일세." 하며 그 일에 묵묵히 대처해 나갈 뿐이었습니다. 일어난 사건을 이런 식으로 대처를 하면 해결이 참 쉬워집니다. 그렇지만 이 방법 역시 최고의 방법이 아닙니다.

앵커: 그럼 최고의 방법은 무엇입니까?

황수남: 환경을 대하는 최고의 방법이 무엇인가 하면 '일어난 일은 모두 좋은 일이다.'라고 보는 관점입니다. 나쁜 일이 일어난 것은 그동안 좋지 않은 생각과 마음이 구체적으로 구상화, 물질화되어 겉으로 나타난 것입니다. 한번 표현되어 나타나면 두 번 다시 안 생기고, 또 그 에너지가 없어지는 것이니 좋은 일이고, 좋은 일이 생긴 것은 더 좋은 일을 오게 하는 마중물이니 더욱 좋은 일입니다. 그래서 항상 좋은 일 뿐입니다. 이런 세계관世界觀으로 세상을 살면, 생각이 과거나 미래에 머무는 것이 아니라 항상 현재에 머물게 되거든요. 그러면 즉각 행복해집니다.

　마음에는 끼리끼리 모이는 유유상종의 법칙이 있습니다. 좋은 마음을 가지게 되면 좋은 일만 생기고, 좋지 않은 일은 좋은 마음과 파동이 맞지 않아 아예 생기지 않게 됩니다. 무슨 일이 생기고 나서 '좋다, 나쁘다.'를 논하는 것이 아니라, 좋은 마음을 가져서 항상 좋은 일만 생기게 하고 좋지 않은 일을 아예 생기지 않게 합니다. '세상에는 항상 좋은 것뿐이다.'라고 인정하고 좋은 마음을 내는 것, 이것이 최상의 방법입니다.

　그런데 우리는 어떻게 살고 있을까요? 과거에 대한 회한이나 일어나지 않은 미래의 걱정으로 살고 있거든요. 오로지 좋은 생각만 하면 나쁜 일이라고 보이는 일들은 홀연히 없어지고 즉각 좋은 일만 나타나고, 불행이라 불리는 일은 자신에게 어떤 영향도 미치지 못하고, 오히려 발전의 디딤돌이 되어 자신을 위대하게 만들어 줍니다.

앵커: 새옹지마가 이렇게도 해석이 되는군요. 새롭게 하나 배웠습니다. 다음 구절과 끝으로 하실 말씀 해주시겠습니까?

황수남: 예, 그렇게 하겠습니다.

모든 사람, 만사 만물에 감사한다.
사람들이여 편안하여라. 이렇게 생각하고 말하고 행동하면서 오늘을,
올해를 멋지게 보내주자.
위대하고 전율을 느낄 만큼 환희에 찬 새해를 위해!

　이렇게 시가 끝이 납니다. 앵커님이 말씀하신 것처럼 끊임없이 감사해야 합니다. 내 힘으로 사는 것이 아니라 살게 해주시니 사는 것이죠. 내가 숨을 쉬어야지 해서 숨을 쉬는 것이 아니라 숨을 쉬

게 해주는 것이거든요. 우리는 부처의 자식입니다. 부처님이 완전하듯이 우리도 완전합니다. 부처님이 오로지 선(善)이시니 우리들도 선이거든요. 부처님은 무한부자이시니 우리들도 무한부자입니다. 불완전한 겉모습에 속지 맙시다. 불행하다고 하지도 맙시다. 그것은 없는 것입니다. 지나간 일에 대한 회한과 오지도 않은 일에 두려움을 가질 필요가 없습니다.

세계적인 조각가 밀러의 비너스 상이 있습니다. 이 비너스 상은 팔이 하나 없습니다. 그런데 세상 최고의 조각가도, 어떤 비평가도 비너스 상을 보고 불완전하다고 팔을 갖다 붙이려 하지 않습니다. 비너스의 상은 팔이 하나 없는 채로 완전합니다. 겉으로는 팔이 하나 없는 것처럼 보이지만, 비너스의 상은 우리에게 '겉모습에 속지 말고 없는 팔 속에서 진짜의 팔을 보아라.'하는 위대한 가르침을 주는 것이거든요. 그래서 비너스 상이 우리에게 영감을 주는 위대한 예술작품입니다.

우리의 삶이 이와 같습니다. 우리들은 지금 이대로 완전합니다. 부디 겉모습에 속지 마십시오. 우리의 삶은 스토리로만 존재합니다. 이야기 속에 저희 삶이 있습니다. 가장 희망차고, 가장 좋고, 가장 사랑과 꿈에 가득 찬 말로 스토리를 바꾸세요. 그러면 그대로 이루어집니다. 그 모습을 보고 가족과 이웃 사회가 깨어납니다. 그것이 불국토를 이루는 것이고, 홍익인간 이화세계를 지상에 이루는 것입니다.

그것이 우리가 태어난 목적이고 사명이며 인류를 위하는 것입니다. 애청자 여러분이 하늘이고 신이고 부처입니다. 여러분이 부처가 되었고 부처가 되신 것을 축하드리고, 올 한해 잘살아 주셔서 감사합니다. 고맙습니다.

불편한 마음을 글로 적어서 구체화시켜 다른 것으로 표현해서 태워버리면, 불편했던 마음의 에너지가 없어지기 때문에 자신의 주변에 나쁜 일이 나타날 수가 없습니다.

새로운 것이 들어오려면, 마음과 주변 환경에 쌓여 있는 것을 치워야 하고 비워야 하고 합니다. 빈자리가 있어야 새로운 것이 들어오거든요.

마음이 바뀌면 말이 바뀌고 말이 바뀌면 행동이 바뀌고 행동이 바뀌면 습관이 바뀝니다. 이 습관이 더 좋은 생각을 가지게 하여, 삶이 훌륭해지는 선순환이 계속 일어납니다. 마음을 꼭 바꾸셔야 합니다. 그러면 항상 성공만 하는 삶이 됩니다.

환경을 대하는 최고의 방법이 무엇인가 하면 '일어난 일은 모두 좋은 일이다.'라고 보는 관점입니다. '세상에는 항상 좋은 것뿐이다.'라고 인정하고 좋은 마음을 내는 것, 이것이 최상의 방법입니다.

● **나가는 말**

행복으로의 초대!

법화경 자아게自我偈에 '중생 겁劫을 다하여 이 세상(유심소현唯心所現의 현상세계)이 불타는 것 같이 보일 때도 우리 정토(실상세계)는 안온하고 천인天人 항상 충만 하노라.'라고 하는 부분이 있습니다. 여기서 정토는 실재를 말하며, '불타는 세상'은 마음으로 만들어낸 가짜의 세계, 유심소현의 세계를 말합니다. 이 세상에는 온갖 걱정과 두려움, 번뇌가 가득 차서 마치 불타고 있는 것처럼 보일지라도 그것은 가짜이며, 실재로는 어떤 고통이나 번뇌에도 침해되지 않고 물들지 않는 금강불괴金剛不壞의 좋은 것뿐이라는 가르침인데, 이러한 이치를 깨닫는다면 지금 여기에서 모든 고뇌가 이미 없음을 알고 고뇌로부터 즉각 벗어날 수가 있게 됩니다.

방송을 듣고 중년 부인이 찾아오셔서 하시는 말씀이, 결혼 후 5년 정도부터 남편은 지금까지 바람을 피웠고 적반하장격으로 '너 때문에 바람을 피운다.'고 하며 지금은 서로 말을 안 하고 지낸 지가 1년이 넘었다고 했습니다. 그래서인지 '수면제 없이는 잠을 못 자고 온몸이 아파서 곧 병원에 입원해야 한다.'고 하시길래 이혼을 권했더니 남편이 이혼은 안 해 준다고 했습니다. 그래서 결혼할 때 어떤 마음으로 하셨는지 물어보니 한참을 망설이다가 아버지가 너무 미워 도망치듯이 결혼을 했다고 했습니다. 그래서 제가 '부인은 남편이 조금 늦게 오거나 술을 마시고 들어오면 저러다 아버지처럼 되겠지' 하는 마음이 들었을 것입니다. 그러면 남편은 부인의 싸늘한 표정과 사랑없는 마음을 알아차렸을 것이고, 부인의 찌르는 마음에 대한 반영으로 남편의 행동은 나빠졌지만, 실재로 남편의 그러한 행동은 '여보, 나 외롭고 무서워, 나를 인정해 주고 사랑해줘.' 하는 호소로 부인의 마음이 일그러져 있는 것을 보여주는 거울인데 남편을 나쁜 사람이라고 잘못 본 것입니다. 남편이 오히려 피해자이지요. 남편은 '이럴 때 당신은 사랑으로 존재할래, 미움으로 존재할래?' 하는 칼날 같은 화두를 주는 부처입니다.

부인이 약 30년을 미움으로 존재해서 지금의 모습이면, 방법을 바꿔 사랑으로 존재해야 하지 않을까요? 부인이 사랑으로 존재하면 사랑받을 일만 생길 것이고 미움으로 존재하면 미움받을 일만 생깁니다.

그럼 내가 나쁜 사람인가요?

아닙니다. 부인도 절대로 나쁜 사람이 아니고 부처입니다. 단지 부인이 부처인 것을 알아차리라는 신호를 몰라본 것일 뿐입니다.

그러면 선생님 어떻게 해야 하나요?

먼저 아버지께 먼저 감사합시다. 아버지는 힘든 세상에 자식들을 키우느라 고생했는데 아무도 인정해 주지 않아 무척이나 외로우셨을겁니다. 하니 부인이 한 번도 아버지가 외롭다고 느껴보지 않은 것 같아 너무 미안하다고 하면서 한참을 울고 나서는 가슴이 후련해 졌다고 했습니다. 그래서 남편의 좋은 점을 찾아 적어 보라 하고 집에 가시는 차 안에서 계속 읽으라고 하며 '이 세상은 무시간 무공간의 세상이고 내 마음이 바뀌면 외부 환경도 즉각 바뀌는 세상이기 때문에 부인의 마음이 바뀌는 것과 동시에 남편도 바뀌어 있을 겁니다. 남편의 좋은 점을 보고 감사 할 수 있는 부인이 훌륭합니다.' 하고 마쳤는데 두어 시간 후 전화가 왔습니다. '선생님 기적 같은 일이 생겼습니다. 집에 가니 1년을 말도 안하던 사람이 어디 다녀 오냐고 물어 보고 저녁 먹으라고 상추도 씻어 두었다.' 고 했습니다. 저녁을 먹는데 식탁에 앉더니 '여보, 그동안 미안했어요, 당신 마음 많이 아팠지.' 하길래, '여보 미안해요.' 하며 남편을 안아주고 한참을 울었다고 했습니다. '부인, 이것은 기적이 아니라 당연한 일입니다. 이 세상은 자신의 생각대로 즉각 만들어집니다. 없는 불행을 없애려 하지 말고 본래 있는 행복과 사랑을 꺼내면 됩니다. 부처님도 '원망하는 마음으로 원망을 없애지 못한다. 오로지 원망 없는 마음으로 원망을 없앨 수 있다.'고 하셨습니다. 이러한 것처럼 허虛에는 실實로 대응해야 하고 가짜에는 진짜로 대응하는 것이 원칙입니다. '남편과 부인은 나쁜 것이 하나도 없고 오로지 좋은 것만 있는 부처입니다. 오늘과 같은 이 마음으로 세상을 사시고 주변에 부인처럼 힘들어하는 분께도 행복하게 사는 법을 알려 주세요. 이것이 부인을 살리고 세상을 살리는 길입니다. 부인, 제 말씀 잘 들어 주셔서 감사합니다.' 하고 전화를 끊었는데 이 부인은 아픈 것도 없어졌으며 잠도 잘 잔다고 합니다.

이것이 생활 속의 불교입니다. 불교는 철저하게 생활이기 때문에 부처가 되려고 노력하는 것 보다 이미 부처이니 부처로 살면 됩니다. 부처로 살기는 간단합니다. 자신에게 좋은 것만 있다고 인정을 하고 말로 표현하면 주변 환경에 좋은 것만 나타납니다. 이 세상은 있는 그대로 불국토이기 때문에 필요한 것은 즉각 나타나고 필요 없는 것은 저절로 물러가게 되어 자신의 생활에 무한의 부富와 무한의 생명, 무한의 사랑, 무한의 조화가 나타나 가난 없고 병 없으며 모든 번뇌에서 걸림이 없는 자유로운 삶, 행복한 삶을 살게 될 것입니다.

모든 사람이 이미 깨닫고 있음을 깨달은 지가 25년이 되었습니다. 처음에는 사람들 모두가 나처럼 행복한 줄 알았는데 많은 사람들이 불행을 호소하는 것에 깜짝 놀랐습니다. 이렇게나 행복한 세상에 왜 사람들은 불행하다고 할까? 어떻게 하면 그들이 이미 행복하다는 것을 알게 해 줄까? 이것이 나의 존재 이유입니다.

끊임없이 당신의 행복을 꿈꾼다.

어떻게 하면 모두가 행복하다는 것을 알 수 있을까?
끊임없이 나에게 묻고 또 묻는다.

수많은 물음과 사색을 통해 답을 찾는다.
"모든 인간은 위대한 부처다."

모든 인간은 어떤 것에도 침해받지 않고 고통받지 않는 무한한 능력을 가지고 있습니다. 이 무한 능력을 캐내면 모두가 행복해집니다. 우리의 삶은 내재된 불성을 발견하는 보물찾기입니다. 그 보물을 찾는 방법은 '무엇이 사랑과 행복에 부합되는 길인가? 무엇이 자신과 남을 이롭게 할 것인가를 생각하고 행동하는 것입니다. 그러면 그 사랑의 힘으로 주변에 사랑과 행복이 몰려와서, 환경이 조화롭게 되고 건강과 풍요와 행복이 넘치는 삶을 살게 되고, 아울러 자신이 이미 보석이었음을 알게 됩니다.

'나는 위대한 부처다.'
타인이란 결국 자신이 확대된 것일 뿐이니 내가 부처면 남들도 부처입니다. 내가 행복해야 타인도 행복하게 할 수가 있는 힘이 나옵니다. 이것을 더 확대하면 인간만이 부처가 아니라 삼천초목, 온 우주 삼라만상이 이미 부처인 것을 알게 됩니다. 이 세상은 행복뿐입니다.

행복으로의 초대!

더 이상 행복을 기다리지 말자. 행복은 이미 이루어져 있다.
이제는 나부터 부처로 살고 남들도 부처임을 알리자.
그 힘으로 세상이 행복해질 것이다.
이것이 나의 꿈이고 그대의 꿈이다.
그대들이 영웅이고 그대들이 부처다.

그대 아름다운 사람아, 이왕이면 더 큰 세상을 사랑하여라!

이 책이 나오기까지 물심양면으로 격려하고 도와주는 가족들께 먼저 감사드리고, 방송의 기회를 준 BBS 불교 방송국 관계자님들께 무한한 감사를 드립니다. 종종 투정을 하는 저에게 힘을 북돋우어 주고 같이 어울려 주는 분들께도 감사를 드리고, 특히 추천사를 써 주신 저의 은사 정도스님과 졸필을 다듬어 주신 공경원 출판사 김희종, 배선용님을 비롯한 관계자분들께 감사를 드립니다. 삽화를 그려 주시고 늘 또 다른 행복을 꿈꾸는 서양화가 형수연님께(인천광역시 미술협회 초대 작가) 큰 감사를 드립니다.

"모두가 행복하기를"
"나의 꿈은 당신의 행복입니다."

삶이 내게 말 걸어올 때

1판 1쇄 인쇄 2023년 1월 3일
1판 1쇄 발행 2023년 1월 10일

황수남 지음

발행인   김희종 배선용
발행서   도서출판 공경원
편집   김희종 배선용 정육남

등록   제 25100-2021-000023

도서출판   공경원·공경선원
           대구시 달서구 야외음악당로 39서길 45
           서울시 강남구 도곡동 467 대림 아크로텔 2003호

대표전화   010-8722-6832, 010-8682-6863
이메일   diamondkhj@naver.com

저작권자   ⓒ황수남, 2023
ISBN   979-11-951602-2-8 (03220)
정가   16,000원